# 最高のハワイの過ごし方

覗けば覗くほど奥が深い島。
飽くなき探究心を持つ旅人にだけ
最高のハワイは訪れる。

伊澤慶一

エセルズ・グリル ⟶ P97

## はじめに

学生時代はバックパッカー、就職後は『地球の歩き方』の編集部員として、
これまで60カ国以上を旅し、世界中のガイドブックを作ってきました。

そんな僕が初めてハワイを旅したのは29歳のとき。
それなりに世界を見てきたつもりでしたが、
(いや、見てきたからこそかもしれません)
これまで経験したことのない甘く優しい風に、
僕の心はすっかり奪われてしまいました。

身近なハワイ、いつものハワイ。
でも、実はとても奥深い魅力を持った島。
雑誌の企画でオアフ島のスーパー130店舗を巡ったり、
目的地なく行き止まりにぶつかるまでドライブしたり、
好奇心に突き動かされ、積み重ねてきた発見と失敗。
それを自分なりの「最高のハワイの過ごし方」として
一冊にまとめたのが、このガイドブックです。

ハワイで建築巡りしてみない?
ローカルタウンの食堂もいいね!
おみやげは有名店御用達のこれはどう?

気になったところを、少しずつで構いません。
自分にとって"ちょっとディープ"を楽しむ。
それが、ハワイの奥深さを楽しむ秘訣です。

この本と一緒に旅することで、
「自分史上、最高のハワイ」に出合えますように!

## Shopping

イケてるローカルショップ ・・・・・・ P140
ハワイで着る服はハワイで買う ・・・・ P144
なんでも揃うアラモアナ ・・・・・・・ P148
アロハな小物たち ・・・・・・・・・・ P150

いいホテルには、いいグッズ ・・・・・ P152
スーパーマーケット活用術 ・・・・・・ P154
ハワイのコンビニ ・・・・・・・・・・ P158
有名店御用達のグルメみやげ ・・・・・ P160
日本の部屋にハワイのアートを ・・・・ P162
ハワイアンコスメ ・・・・・・・・・・ P164

DEEP
マニアックなテクニック ・・・・・・・ P166

## Hotel

ワイキキ・ホテル・マップ ・・・・・・ P170
ハワイの御三家 ・・・・・・・・・・・ P172
ハイエンドホテル ・・・・・・・・・・ P176

コンドミニアム ・・・・・・・・・・・ P178
リノベーションホテル ・・・・・・・・ P180
ワイキキ以外のホテル ・・・・・・・・ P182

・・・・・・ P184

友達だけに答えていたQ&A ・・・・・・ P186
マップ ・・・・・・・・・・・・・・・ P194
インデックス ・・・・・・・・・・・・ P206

---

| | |
|---|---|
| レート | $1＝110円（2020年2月18日現在） |
| 飛行時間 | 羽田・成田 ➡ ホノルル…約7時間<br>ホノルル ➡ 羽田・成田…約8時間 |
| 時差 | －19時間<br>日本が月曜日の12時の場合、ハワイは日曜日の17時。サマータイムは採用していない。 |

# Contents

- ハワイへ旅立つ前に・・・・・・ P006
- コンテンツはこう読んでほしい！・・・・・・ P008
- 4泊6日パーフェクトプラン・・・・・・ P012

## Nature & Activity

- 心が震える大自然・・・・・・ P020
- ピクニックは究極の贅沢・・・・・・ P022
- $54の飲み放題クルーズ・・・・・・ P024
- 海の人気ツアーベスト3・・・・・・ P026
- クアロア・ランチ・・・・・・ P028
- 絶景サンセット・・・・・・ P030
- 空から眺めるオアフ島・・・・・・ P032
- ファーマーズ・マーケット・・・・・・ P034
- ファームツアー・・・・・・ P038
- 6つのテーマパーク・・・・・・ P040
- ビーチよりプール派・・・・・・ P042
- 建築巡りで世界を巡る・・・・・・ P044
- 金曜のヒルトン花火・・・・・・ P046
- 人生を変える（？）レッスン・・・・・・ P048
- トレッキング・・・・・・ P050
- スパ＆マッサージ・・・・・・ P052

DEEP
- マニアックなテクニック・・・・・・ P054

### ワイキキを出てローカルタウンへ

- 東海岸ドライブ・・・・・・ P058
- カイルアタウン・・・・・・ P060
- ノースショア・ドライブ・・・・・・ P064
- ワヒアワ・・・・・・ P066
- ハレイワ・・・・・・ P068
- 西海岸ドライブ・・・・・・ P070
- コオリナ・・・・・・ P072
- マノア・・・・・・ P074

## Eat

- 2大人気カフェ・・・・・・ P078
- ビーチで朝食・・・・・・ P080
- アサイボウル・・・・・・ P082
- 最高級ホテルの朝食・・・・・・ P084
- わざわざ飲みに行くコーヒー・・・・・・ P086
- 最高な2軒・・・・・・ P088
- 話題の店はソルトから・・・・・・ P090
- ハワイの胃袋ダウンタウン・・・・・・ P092
- ハワイのエスニック・・・・・・ P094
- ローカル食堂・・・・・・ P096

「ハワイで日本食ってどうよ？」・・・・・・ P098

- 風が吹き抜けるランチカフェ・・・・・・ P100
- ランチ＆ディナー・・・・・・ P102
- ワイキキのサク飯・・・・・・ P104
- ステーキ＆バーガー・・・・・・ P108
- ピザ＆サンドイッチ＆トースト・・・・・・ P110
- パンケーキ＆アイスクリーム・・・・・・ P112
- 甘いものは別腹・・・・・・ P114
- ここのポケを食べてほしい！・・・・・・ P116
- BBQにトライ・・・・・・ P118
- こだわりの部屋飲み・・・・・・ P120
- ハッピーアワー・・・・・・ P122
- 記憶に残る名店・・・・・・ P124
- 記憶に残らない（!?）名店・・・・・・ P126

- ストーリーのあるバー・・・・・・ P128
- スピークイージーバー・・・・・・ P132

「ハワイで夜遊びってどうよ？」・・・・・・ P134

DEEP
- マニアックなテクニック・・・・・・ P136

## ハワイへ旅立つ前に

気分はすっかり楽園へ向かっているところに
水を差すようで申し訳ありませんが、
冒頭どうしてもお伝えしたい話があります。

ひったくり、車上荒らし、ホテルの部屋に泥棒。

これらはすべて僕か、僕の親しい知り合いに
実際に起こった事件です。
安全に見えるワイキキ周辺でさえ、
観光客を狙った犯罪はすぐ近くに潜んでいます。
どこでも日本語が通じて
老若男女楽しめるハワイですが、
あくまで海外だということを忘れないでください。

そのためにも海外旅行傷害保険への加入や、
何かあった際の緊急時連絡先確認（→P187）は
必ずしておきましょう。
役に立つのは犯罪にあった時だけではありません。

僕はハワイで39.6度の熱が出たことがあるのですが、
ドクターズ・オン・コールの場所を調べてあったので
すぐにそちらに駆け込み、保険適用で一切費用もかからず
診察と薬の処方をしてもらうことができました。

安心・安全はお金で買う。もしものための下調べも怠らない。
海外旅行の鉄則であり、ハワイも例外ではありません。

ちなみに上記に書いた犯罪被害は、
すべてちょっとした油断が生んだものでした。
心がけ次第で、ほぼすべての危険は防げますので
心配し過ぎる必要はありません。

誰ひとりとしてハワイで嫌な思いをしてほしくないので
最初にこのような話をさせていただきました。
どんなに浮かれても、油断し過ぎには気をつけてください！

## コンテンツはこう読んで欲しい！

初ハワイの人は、パーフェクトプラン（→P12）からスタート。「ここをチェック！」のページを参照し、その日の予定を組んでみてください。もし滞在が3泊5日だったら、4日目のプランは少々マニアックなので次回に回してもいいかもしれません。

ハワイに慣れている方は、「*Nature & Activity*」「*Eat*」「*Shopping*」、それぞれのカテゴリーで気になるページから読み進めていただいて結構です。「コラム」や「マニアックなテクニック」は、よりリピーター向けの内容になっています。ちなみに、「Eat」は朝ごはんから夜のバータイムまで、時系列で掲載しているので、もしランチを探していたら真ん中あたりを検索するといいでしょう。

「*Hotel*」はもう決まってしまっている場合もあるかと思いますが、次回滞在の参考にもなるのでぜひご一読ください。特に「ハワイの御三家」や「コンドミニアムのメリット」「ワイキキ以外のホテル」について、ハワイ通を目指すのであれば知っておきたい内容です。

### マークの見方

🏠…住所　送迎…送迎　☎…電話番号（市外局番808は省略）
🚗…所要時間　🕐…営業時間　CLOSE…休み　料金…値段
🌐…ホームページ（http://は省略）

### スマホに入れておくととっても便利！

この本をずっと大切に持ち歩いてくれたらうれしいですが、荷物を軽くして外出したい時もあるかと思います。そんな時、「hulali」というiPhoneアプリをダウンロードしておくと便利です。

メニュー画面から「E-Book」を選択いただくと本棚があり、本書『最高のハワイの過ごし方』が並べられています（出てこない場合は最新版にアップデートしてください）。その表紙をクリックしダウンロードボタンを押すと、パスコード入力画面に移ります。パスコードは質問形式で、この本が手元にあれば簡単に答えがわかるようになっています。なおパスコードは定期的に変更になり、一度ダウンロードした方でも再度必要になりますのでご了承ください。

※本サービスは予告なく変更・終了する場合があります

●本書のデータはすべて2019年9月から12月にかけて取材・編集したものです。掲載の商品や料理などがなくなっていたり、料金などが変更されていたりする場合がありますのでご注意ください。　●本書データ欄の「休み」は定休日のみを掲載しています。「なし」と書いてある場合でも元日、イースター、独立記念日、感謝祭、クリスマスなどの祝日や年末年始は休みの場合があります。　●記載している営業時間内でも、ラストオーダーや最終受付が閉店時間より早い場合があります。時間には余裕をもってお出かけください。　●掲載の値段は、基本的には「税別」価格を掲載しています。オアフ島で食事や買い物、ツアーに参加する場合、4.712%の州税（宿泊には＋10.25%のホテル税）がかかります。　●本書は正確な情報の掲載に努めておりますが、ご旅行の際には必ず現地で最新情報をご確認ください。また、掲載情報による損失などの責任は負いかねますのであらかじめご了承ください。

お待たせしました！
それでは最高のハワイを
見つけに行きましょう！

\初ハワイも、これで最高!/

# 4泊6日 シミュレーションのパーフェクトプラン！

初ハワイの場合、「あれもこれもトライ」でOK。何でも揃う島だから、食も観光も買い物も、ひと通り体験することをおすすめします。ハワイの24時間はあっという間。極力予定を立てて計画的に！

PERFECT PLAN

# Day 1

## 到着初日から100%リゾートモード！

ハワイ到着は現地時間の午前。だいたいの場合、ランチから旅が始まります。4泊の人がお昼を食べられるのは、たったの4回(!)。多少寝不足でも初日からスイッチを切り替え、レストランや買い物に出かけないともったいないです。逆に夜はマッサージに行ったり、軽くお酒を飲んだりして、早めにぐっすり寝てください。

### 1日目はここをチェック

- ✓ 開放感抜群のワイキキランチ＆ディナー ➡ P102
- ✓ ハワイで着る服は、ハワイで買う ➡ P144
- ✓ 天国スパ＆ゴッドハンドマッサージ ➡ P52
- ✓ ついつい飲み過ぎて記憶に残らない名店 ➡ P126

洗練されたリゾート気分を味わえるプールサイドレストラン「ザ・グローブ(→P102)」

ラインがきれいで街でも着やすいロベルタ・オークス(→P141)のアロハ。僕は5枚所有！

PERFECT PLAN
*Day 2*

## おみやげ＆ご褒美探しのショッピングデー

ハワイで着る服はハワイで購入し、滞在中から着こなしちゃうのがおすすめ。買ってすぐの水着やアロハシャツ、リゾートワンピで写真を撮れば、思い出もより鮮やかに。また友達や同僚にたくさんおみやげが必要な人は、早めに片付けてスッキリしちゃいましょう。え？荷造りが心配？大丈夫、買い過ぎたらかばんも買えばいいんです。

2日目はここをチェック
- ✓ 選びに選び抜いた、厳選アサイボウル！ →P82
- ✓ イケてるローカルショップ →P140
- ✓ これ全部、アラモアナでゲット！ →P148
- ✓ ハッピーアワー早わかり →P122

## ワイキキを抜け出しローカルタウンへ！

脱ワイキキは「最高のハワイの過ごし方」の肝。世界60ヵ国以上を回った僕から見ても、ハワイの自然は圧倒的で、ロコたちの笑顔と優しさはピカイチです。レンタカーで気ままに回るのがベストですが、バスやツアーだってOK。ボリューム満点のおいしいご飯が、驚くほどリーズナブルに食べられるのもワイキキの外だからです。

> **3日目はここをチェック**
> - 飲みに行く価値のあるコーヒー ➡ P86
> - 大人も楽しいファームツアー ➡ P38
> - ワヒアワ＆ハレイワタウン ➡ P66,68
> - 感動。絶景サンセット ➡ P30
> - 味も、コスパも、ハワイらしさも抜群 ➡ P88

PERFECT PLAN
# Day 3.

ハレイワ（→P68）の橋から飛び込む楽しそうな大人たち。ノースに行く時は水着は必須

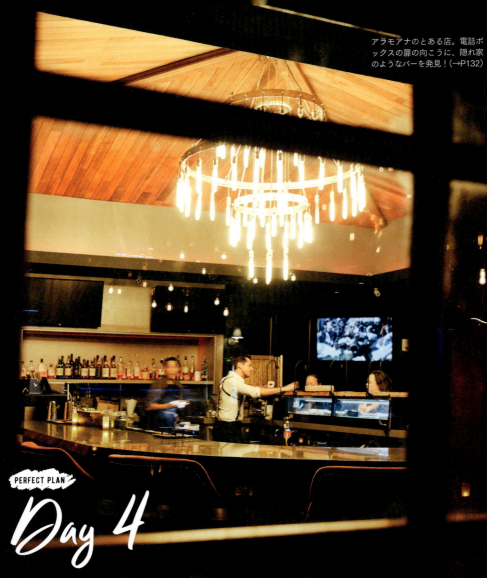

アラモアナのとある店。電話ボックスの扉の向こうに、隠れ家のようなバーを発見！(→P132)

**PERFECT PLAN**

# Day 4

## ディープなハワイをのぞいてみよう！

慣れてきたところで、観光客の少ない食堂や隠れ家バーなど、ちょっとディープなスポットに潜入。ドキドキした分、より濃厚な思い出を作れるはず。また公園でピクニックしたり、スーパーで肉を買ってBBQしたり、意図的にのんびりする時間もいいものです。僕もこうして暮らすように旅して、よりハワイを身近に感じています。

**4日目はここをチェック**
- ✓ ハワイ×ピクニックは究極の贅沢だ！ → P22
- ✓ 暮らすように旅する人のスーパー活用術 → P154
- ✓ ローカル食堂におじゃまします！ → P96
- ✓ 人生を変える、かもしれないレッスン → P48
- ✓ 大人の秘密基地。スピークイージーへ → P132

## ラストの朝食は贅沢ロケーションで

最終日、僕はいつもオン・ザ・ビーチのホテルで朝食を食べてから帰国します。そんな贅沢をしたら、またすぐにハワイに戻ってきたくなっちゃいますが、それでOK。逆に日本での日々の活力に変えています。ちなみに人気の店は待たされることもあるので、時間には余裕を持って。並んで入れなかった、にはくれぐれも気をつけて！

**最終日はここをチェック**
- ✓ ビーチで朝食、最高の贅沢 ➡ P80

＼フライトの時間が遅い人は！／
- ✓ コンビニ比較。ABC？ それともD？ ➡ P158
- ✓ あのグルメアイテムをおみやげに ➡ P160

PERFECT PLAN
*Day 5*

サーフ ラナイ（→P80）で最後の朝食。ダイヤモンドヘッドの勇姿を目に焼き付けて！

風雨の浸食が生んだコオラウ山脈。その壮大な美しい眺めを至近で楽しめる植物園がある(→P20)

# Nature & Activity

## ワイキキを出て遊ぼう！

僕が考えるハワイの最大の魅力、それは「街と自然の絶妙な距離感」だ。大都会ワイキキからわずか数kmの距離に、ダイナミックで力強い自然が今も手つかずのまま残っている。だから滞在中一度はワイキキを離れ、大自然と向き合い、この島のパワーを感じてほしい。すぐ近くの沖や、公園でもいい。風を感じ、深呼吸すれば、心と体がエネルギーで満たされていくのがわかるだろう。地球のパワーがみなぎる場所、だからハワイは面白い！

（上）遊歩道を歩いて抜けた先にある人工のダム湖（下）園内に咲くサンタンカ（英語名Ixora）

ワイキキから車で約30分

# Ho'omaluhia Botanical Garden

ホオマルヒア・ボタニカル・ガーデン

→ MAP P194-C5

### ハワイ最大級の植物園

国立公園のような植物園。山脈に陽光が当たる午前中が好きですが、あえて逆光の午後も神秘的。晴天率は低めです。ビジターセンターに車を停め、南国の木々に彩られた遊歩道「トロピカル・フォレスト・ウォーク」をぜひ歩いてみて。

🕘 9:00〜16:00　CLOSE なし　料金 無料

園内では車を停めて、徒歩での散策も可能

*Within One Hour from Waikiki*

## ワイキキから1時間。心が震える大自然

普段は「海」派の僕ですが、ハワイにいると「山」の美しさにも気づかされます。ここで紹介するのは、お気に入りの植物園とビーチ。ホオマルヒアは園内の南国特有の木々や花々も魅力ですが、個人的にはそそり立つコオラウ山脈の絶景を間近で拝むためのベストスポットとして重宝しています。一方ベロウズは、金土日しかオープンしない軍敷地内のビーチ。シークレット感があり、その美しさもオアフ

020

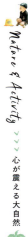

Nature & Activity 〜〜〜 心が震える大自然

ワイキキから車で約40分

# Bellows Field Beach
ベロウズ・フィールド・ビーチ
→ MAP P194-C5

## 週末限定、という特別な響き

カイルアやラニカイビーチと同じ東海岸にあり、その美しさは同じかそれ以上。なのに人が少なく、車も駐車しやすいのでお気に入り。軍敷地内だけあって治安も良好。ビーチに監視員はいるが、常時風が強く波は高めなので子供は注意。

🕐 金12:00～20:00（土・日6:00～）
CLOSE 月～木　料金 無料

月から木は閉まっているので、曜日には注意

島随一です（個人的にはナンバーワンのビーチ）。レンタカーは必須ですが、どちらも東側にあるので同日一緒に回ることは十分可能。これだけ素晴らしい景色に触れさせてくれて、どちらも入場料は無料。ハワイの自然に感謝！

（左）軍の敷地内を進む。商店はないので水などは事前購入を
（右）ラニカイビーチはすぐそこ

ひとりごと 昔は東海岸のワイマナロビーチが好きだったんだけど、最近はホームレスが多くて……車上荒らしの話も聞くので、もっぱらベロウズ派

### Kapi'olani Park
カピオラニ公園
→ MAP P200-C6

### 海も山も、眺めよし！

ハワイ最大かつ最古の公園。ホノルルマラソンのゴールとしても有名です。カラカウア通りを挟んで反対側の芝生で、ビーチを眺めながらピクニックも最高です。ちなみに、ここのテニスコートは誰でも無料で使えます（→P54）。

🕒 5:00〜24:00

端から端が見渡せないほど広い公園。
ダイヤモンドヘッドビューが最高

気軽にハワイの自然に触れるには、カピオラニ公園がベストです。徒歩圏内といって侮るなかれ。敷地の広さは東京ドーム26個分もあります。1周約3km、ジョギングコースとしてもほどよい距離ですが、僕のおすすめはピクニック。予定の詰まったハワイで、あえてのんびり公園でご飯を食べる。これほど贅沢な時間はありません。せっかくなので食事はヘルシーに。おいしくてビタミンたっぷりのピクニックフード、公園すぐ横の「タッカー＆ベヴィー」で調達

## *Picnic Is Always A Good Idea!*

## ハワイ×ピクニックは究極の贅沢だ！

Nature & Activity

ピクニックは究極の贅沢

アボカドトースト $9.5

モーリーズ・フライドライス卵のせ $11.25
カフェ・モーリーズ → P112

卵サラダのサンドイッチ $8.99

ゲッチャグリーンジュース $8.50

フレッシュフルーツ $5.5

ザ・キングスペーグル $10
ベアフット・ビーチ・カフェ → P81

アーモンドチキンサラダ $10.50

店名表示がないものはすべてタッカー＆ベヴィーで購入したもの

## Tucker & Bevvy Picnic Food
タッカー＆ベヴィー・ピクニックフード
→ P200-B6

### ピクニックの準備はおまかせ！

ホールフーズやラニカイジュースにも卸すピクニックフード専門店。グラノーラやデュカ（ミックススパイス）は自家製で、GMOオイルや精製糖は不使用。ハイアット・リージェンシー内にも支店がある人気店です。

しましょう。ワイキキ水族館あたりまで行けば眺めもよく、ベンチやテーブルもすいています。気を遣わなくて済むし、食費も抑えられるし、子連れには特におすすめです。

🏠 パーク・ショア・ワイキキ1階
📞 922-0099
🕐 6:00〜19:30
CLOSE なし

023 ひとりごと カラフルな紙皿やスプーンフォークは、いつもターゲット・アラモアナ店（→P157）で購入。安いし、かわいいし、余っても日本で使えるし！

# Catamaran Sunset Cruise

## 最高です。
## $54の飲み放題クルーズ

ワイキキ沖でのクルーズも、ハワイの自然を気軽に体感できる最良の方法。夕日に染まる壮大なダイヤモンドヘッドを沖から眺めれば、ワイキキのホテル群もちっぽけに映ります。カタマラン船（双胴船で揺れにくい）のクルーズツアーは何社かありますが、僕がよく乗るのは「マイタイ・カタマラン」。なかでも飲み放題のサンセットクルーズがおすすめです。刻々と変化する空の色を楽しみながら、陽気な音楽が流れる船上でお酒をぐびぐび……至福の時間です（揺れるので飲み過ぎには注意！）。ドールの新鮮なパイナップルを使ったマイタイカクテルは止まらないおいしさ。これで$54は大満足。酔いも回り、キャプテンへのチップも弾んじゃう！

ワイキキを出て、ダイヤモンドヘッド沖でUターン。約90分間のプチ航海

Nature & Activity

$54の飲み放題クルーズ

## Maita'i Catamaran
マイタイ・カタマラン
→ MAP P201-C2

### 船上のマイタイバー

49人乗りの黒いボディと白い帆が目印。11時、13時、15時発はデイクルーズ、金曜夜は花火クルーズも催行。サンセットは特に人気で、とにかく早めにウェブから事前予約してください。空きやキャンセルがあった場合のみ、当日参加も可能。

シェラトン・ワイキキとハレクラニの間のビーチ 送迎 現地集合のみ 17:30〜19:30（10/1〜2/28 17:00〜19:00） CLOSE なし 料金 $54 maitaicatamaran.com

このツアーは ここが最高！

👍 沖から見るワイキキや夕日が絶景
👍 こだわりのマイタイレシピ
👍 2時間で参加可能な気軽さ

025 ひとりごと よく満席になるのが難点。そんなとき、僕は「ホロカイ号」や「ナ・ホクⅡ号」「マヌカイ号」の飲み放題サンセットクルーズの空きをチェックします

# 海を制するものは
# ハワイを制す！
# 人気ツアーベスト3

*I'm Gonna Be King of The Pirates!*

ここでは3本、「これに参加しておけば間違いなし！」というマリン系ツアーをご紹介。実際に多くの旅行者から好評を得ていること、そしてツアーじゃなければ見られない景色があることが選考の理由です。特に素晴らしいのは、野生のイルカと泳ぐ体験。耳を澄ませば鳴き声も聴こえ、愛らしさがぐっと増します。「天国の海」と呼ばれるカネオヘ湾のサンドバーでは、360度を海に囲まれた不思議な世界を体験。またハワイでは、潜水艦に乗って海底世界を旅することだって可能です。それぞれ特色の違う3本すべてを制覇して「ハワイの海は俺のもの！」くらい言ってやりましょう。

オアフ島西部の沖合はご覧のとおり、海水の透明度抜群！

### Dolphins and You
ドルフィン＆ユー

**イルカとの遭遇率は95％！**

野生イルカと泳ぐツアー。僕は3回参加して、3回とも数十頭のイルカ、ウミガメ、マンタらと一緒に泳げました（もちろん運次第。1頭も会えなかった友達もいます）。イルカ以外でもシュノーケリングやSUP、スライダーなど、マリンアクティビティも楽しめて◎。

（送迎）ホテル送迎付き　🕘 5:15〜もしくは9:15〜ワイキキホテル出発、所要時間は約8時間　（料金）ドルフィンスイム$156（2歳〜11歳は$124、2歳未満は参加不可）🌐
www.dolphinsandyou.com/ja

026

Nature & Activity
海の人気ツアーベスト3

## キャプテン・ブルース・天国の海ツアー

### まぶし過ぎる天国のきらめき

カネオヘ湾とクアロアランチ。オアフ島最強2トップの絶景を、両方視界におさめながらサンドバーを目指す眼福なクルーズツアー。$900からと少し値は張るものの、6名乗船可能なボートチャーターもおすすめ。静寂を楽しめ、写真撮影も気兼ねなくできます。

🕐 7:45～8:35 ワイキキエリア出発、14:00頃ワイキキ戻り 【料金】天国の海モーニングツアー $140 (2歳～11歳は$130、2歳未満無料) 🌐 tengokunoumi.com

サンゴの細かい砂で形成された湾内のサンドバー。海の真ん中を歩くような感覚を味わって

## Atlantis Submarines
アトランティス・サブマリン

### 海底30mの水中世界へ

海には入りたくないけれど、海の中はのぞいてみたい。そんな無茶振りもかなえてくれるのがハワイ。出発はヒルトンの目の前、観光用の潜水艦に乗って海中世界へいざ潜航。誰でもダイバー気分を味わえます。料金は少し高いけど、1.6倍窓が大きいプレミアムプランがおすすめ。

📍 ヒルトン・ハワイアン・ビレッジ1階(チェックインカウンター) 【送迎】ホテル送迎付き、もしくは現地集合 🕐 9:00～15:00まで、1時間おきに出発。1日7回、所要時間は約2時間 【料金】スタンダード$133 (12歳以下、要身長92cm以上)$66.50) 🌐 atlantisadventures.com

沈船や戦闘機の残骸が魚たちの遊び場になっていて、すぐ近くまで接近してくれます

ひとりごと 「天国の海」は干潮時になると、白砂が出ることも。潮位を知りたい人は「カネオヘ 潮位」で検索してみて。まあ干潮でなくても絶景には変わりないですが！

\圧巻。/
# クアロア・ランチ
## Kualoa Ranch

クアロア・ランチの遊び方には、少し"コツ"があるのでお伝えします。ほとんどの日本人観光客は、いくつかのアクティビティが事前に組み立てられた「パッケージツアー」を申し込みますが、実はすべてのアクティビティはバラで申し込みが可能。しかも、ここで掲載している「乗馬ツアー（2時間）」や「カヤックツアー」「プレミア映画ロケ地ツアー」などは、バラでしか申し込みできません。予約は簡単、クアロア・ランチの公

乗馬ツアー（2時間コース）
$137.95

ひとりごと　クアロア・ランチは結婚式も可能。友達がここで式を挙げて、あれはよかったなぁ。ちなみにハワイの挙式は7回参列しています（笑）　028

*Nature & Activity*

*クアロア・ランチ*

ジップラインツアー
$169.95

カヤックツアー
$112.95

オーシャンボヤージツアー
$48.95

プレミア映画ロケ地ツアー
$137.95

式HPから日本語でOK。時間や曜日を計算し組み立てる手間はありますが、それもまた楽しい作業。別途$15で往復送迎をつけることだってかのうです。

右ページの「乗馬ツアー（2時間コース）」を含め、僕のおすすめはこの5本。「オーシャンボヤージ」や「プレミア映画ロケ地ツアー」は小さな子供連れでも楽しめます。「ジップライン」は最初は怖いけど中毒性のある楽しさ！

*ワイキキから車で約60分*

## CLIMB Works Keana Farms
クライム・ワークス・ケアナ・ファームズ
→ MAP P194-A4

### とことんジップラインをやるならこちら！

オアフ島北部に全8本の本格的なジップラインが誕生。つり橋を渡ったり、ロープで懸垂下降したりと、アスレチック要素も満点。ここ、白パンは避けてください！雨上がりで泥だらけになりました（涙）。

🏠 1 Enos Rd. Kahuku 送迎 ホテル送迎付き、もしくは現地集合 🕐 7:00～14:00（日付によるのでHPを要確認、所要時間は約3時間）CLOSE 日 料金 $169（送迎付きは＋$30）※7歳以上、体重122kg未満の方み参加可 🌐 www.climbworks.com/keana_farms

こちらのジップラインは最長約*800m*！

*ワイキキから車で約40分*

## Kualoa Ranch
クアロア・ランチ
→ MAP P194-B4

### 王族のみが立ち入りを許された神聖な地

東京ドーム450個分、変化に富んだ広大な自然を利用したアクティビティが楽しめます。かつてカメハメハ王朝が管理していたカアアヴァ渓谷へは「映画ロケ地バスツアー」や「ラプターツアー」などで訪問可能。

🏠 49-560 Kamehameha Hwy. Kaneohe 送迎 ホテル送迎付き、もしくは現地集合 🕐 7:30～18:00 CLOSE ツアーによって異なるため要確認 料金 スタンダード$136.95（12歳以下、要身長92cm以上$92.95）🌐 www.kualoa.jp

# Sunset Spots
## 感動。
## 絶景サンセット

日本での生活は夕日を愛でる余裕なんてなく、気がついたら日が暮れていたなんて日常茶飯事。だからせめてハワイでは、意図的に夕焼けを楽しむ時間をつくるようにしています。夕方、屋内でショッピングとか本当にもったいないです。日没30分くらい前には粘りたいところ。空の色がオレンジや紫、ピンクなどに劇的に変化していくのは日没後です。ぼんやりとサンセットを眺めるこの1時間こそが、いちばんハワイに来てよかったなぁと感じる瞬間だと僕は思っています。もちろん天候次第ですが、運がよければ昼間のハワイとはまったく違う、ドラマチックで感動的な表情に出合えます。できれば日が沈んだあとも30分

### Ala Moana Beach Park
アラモアナ・ビーチ・パーク
→ MAP P202-D6

**アラモアナセンター目の前のビーチ**

昼も夕方も絵になる公園。よくウェディング撮影のカップルを見かけます。駐車スペースが多く、BIKIステーション(→P55)もあり、便利ですが暗くなる前には撤収しましょう。

ロコの定番デートスポット。なんかいいなぁ

\ サンセットにおすすめの /
アクティビティはこちら。
サンセットクルーズ → P24
サンセットヨガ → P48

030

Nature & Activity ››› 絶景サンセット

このようにワイキキ沖の水平線に夕日が沈むのは冬場だけ。右の表の★印をチェックして

**月別サンセットタイム**

- 1月 18:01 ★
- 2月 18:21 ★
- 3月 18:35 ★
- 4月 18:56
- 5月 18:56
- 6月 19:09
- 7月 19:18
- 8月 19:11
- 9月 18:48 ★
- 10月 18:20 ★
- 11月 17:56 ★
- 12月 17:48 ★

★マークの月は、天気がよければワイキキビーチから水平線に沈むサンセットを楽しめる

ワイキキから車で約20分

## Pu'u Ualaka'a State Wayside Park
プウ・ウアラカア州立公園
➡ MAP P197-B3

### パノラマビューの夕焼けスポット

タンタラスの丘にある公園。夜景を見に丘まで来る人は多いけど、僕はこの公園の芝生から見るサンセットが大好き。高台にあり、冬場は風が肌寒いときもあるので、1枚羽織れるものがあるとベターです。

- 2760 Round Top Dr.
- 7:00 〜 19:45（9月第1日〜3月31日〜18:45）
- CLOSE なし

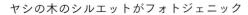

## Kaimana Beach
カイマナ・ビーチ
➡ MAP P198-D5

### ヤシの木のシルエットがフォトジェニック

ニューオータニホテルの前にある100mほどのビーチ。実は「カイマナ」は俗名で、正しくは「サンスーシ（sans souci）・ビーチ」。フランス語で「心配ない」という名前の幸福なビーチ。

ワイキキの一番東側にあるので、穴場のようですが、ロコや欧米人に人気のため、人が少ないわけでありません

ひとりごと 一番好きな夕日ポイントは、実はマイリ・ビーチ・パーク（→P71）。アクセスや治安面で外したけど、晴天率も高く、高確率で海に沈む太陽を拝めます

Enjoy!

ロビンソンR44型機は4人乗り機材、全員が窓際に座れるのが魅力です。飛行中の内外の映像は、$69で購入可能。かっこよく映りましょう！

## Helicopter Tour
### 絶景。
### 空から眺めるオアフ島

高価なイメージがあるヘリコプターツアーですが、ここで紹介する「ノヴィクター・ヘリコプター」は、なんと$180から申し込み可能。この値段で一生モノの思い出がつくれるのですから、申し込まない手はありません。ホテルの部屋のビューをアップグレードするよりも、感動的な景色が待ち受けています。2020年1月現在、日本の旅行代理店で取り扱いはありませんが、トリップアドバイザーのサイトから日本語で予約可能（ただし、当日の案内はすべて英語）。個人的には、ハワイに何回も来ているけどヘリは未体験、という方にこそおすすめ。空から島を眺めることで、地形や距離感もリアルに把握でき、ハワイがますます楽しくなります。

*Nature & Activity*

## 空から眺めるオアフ島

コオラウ山脈（上）やカネオヘ湾（中）など、見どころを網羅した「ロイヤル・クラウン・オブ・オアフ」は60分で$315。ほかにサンセット（$205）や夜景ライド（$230）もあり

このツアーはここが最高！
- $100台で一生モノの思い出づくり
- 4人乗りヘリなので乗客全員が窓際に
- スリリングな「窓なしライド」が選べる

ワイキキから車で約20分

### Novictor Helicopters
ノヴィクター・ヘリコプター
→ MAP P194-D4

#### 視点を変えると、またハワイが好きになる

$100台から楽しめる「シティ・バイ・ザ・シー」は超お値打ち。約20分間かけてワイキキやダイヤモンドヘッド、パールハーバー上空を旋回してくれる。搭乗案内やパイロットのガイドはすべて英語。

155 Kapalulu Pl. 送迎 ホテル送迎付き、もしくは現地集合
8:00～19:00 CLOSE なし 料金 $180（20分）～$315（60分）
novictorhelicopters.com

ひとりごと 無料オプションの「Doors Off」を選択すると、スリル満点な「窓なしライド」を体験できます。最初は怖かったけど、選んで正解！少し肌寒いので長袖がベター

# Farmers' Market
## KCC or Kakaako?

**土曜の朝のお楽しみ、ファーマーズ・マーケット 行くならKCC？カカアコ？**

土曜の朝は、時間があれば迷わずファーマーズ・マーケットに行きましょう。島中の農園やレストラン、おみやげ屋が集結。ノースショア産のフルーツからダウンタウンの人気料理店まで、ここ1ヵ所でさまざまなグルメ体験やお買い物が楽しめて、まるでオアフ島、いやハワイ諸島全体を旅しているかのよう。ほぼ同じ時間帯にKCCとカカアコの2ヵ所で開催しているので、特徴をみて気になるほうに出かけてみて。

**KCCマーケットはここが最高！**
- 出店数が圧倒的に多い
- お店によってはイートインも可能
- トロリーバスでアクセス便利

この日は60以上のベンダーが出店。インフォで地図をもらおう

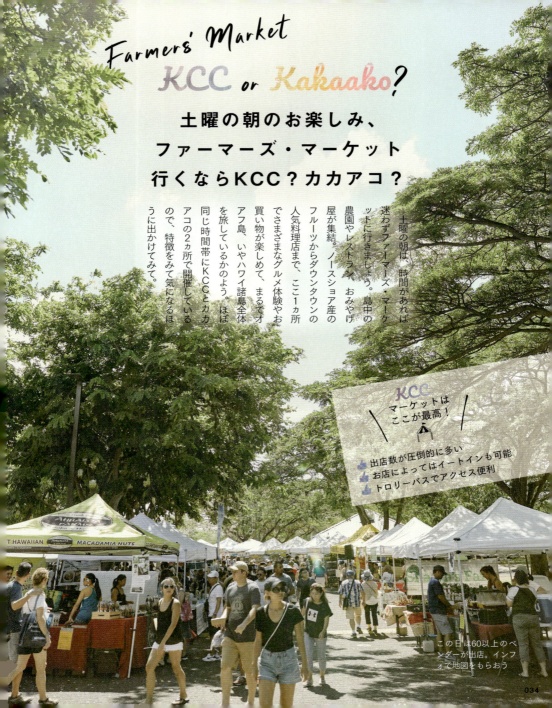

Nature & Activity >>> ファーマーズ・マーケット

## Farmers' Market KCC

### KCC Farmers' Market
KCCファーマーズ・マーケット
→ MAP P198-B6

### 初ハワイなら、まずはこちらから
ブースが並び、お祭り気分。会場で"おいしいハワイ"を楽しむため、僕は朝ごはんを食べずに向かいます。ここには有名店のシェフが食材を買い出しに来ることも。規模は小さいけど、火曜の夕方にも開催中。

📍 4303 Diamond Head Rd.
🕒 土 7:30〜11:00、火16:00〜19:00

**TOP 5 RECOMMENDED**

**A** ビッグ・アンド・ザ・レディの
フォー・フレンチ・ディップ・バインミー ……… $14
人気ベトナミーズは、実はファーマーズ・マーケット発。イートインスペースで楽しめます

**B** ハワイアン・クラウン・プランテーションの
パイナップルマンゴージュース ……… $6
ハワイの代表的フルーツの豪華ミックス。シンプルなパイナップルジュースもお気に入り

**C** アイカネ・プランテーションの
コーヒーゼリー ……… $5
ハワイ島のアイカネ農園のコーヒースイーツ。大好きなカウコーヒーもここで買ってます

**D** 尾辻ファームの
フローズンヨーグルト ……… $9
有名レストラン御用達の農園。野菜だけでなく、取れたてパパイヤを使ったこちらも人気

**E** ビッグアイランド・ビーズの
オヒア・レフアのハチミツ ……… $11
ハワイ固有の花オヒア・レフアから取れた白いハチミツ。ザラっとするがクセのない甘み

035　ひとりごと　ザ・バスの場合、クヒオ通りから2番で「Kapiolani Community College」下車が便利。そのほか、各社ツアーのトロリーも運行しています

土曜の朝のお楽しみ、
ファーマーズ・マーケット

*Farmers' Market*

# Kakaako

**Kakaako マーケットはここが最高！**

👍 ローカル感を味わえる
👍 すいてるのでのんびり見れる
👍 正午までなので寝坊してもOK

オハナジャムのリリコイを使ったジャムは絶品。ぜひ試食してみて

### TOP 3 RECOMMENDED

**A コンシャス・キッチンの
パパイヤボウル** ……… $13

2019年登場の新店。自家製グラノーラやチア・オート・プディングが乗ったヘルシー朝ごはん

**B オマオ・マンの
グリーンスムージー** ……… $5

行くたびに必ず飲む大好物。ケール、ベビースピナッチなどのグリーンに、マンゴーやミントが隠し味

**C ファット・ア・マノの
日替わりピザ** ……… $15

小麦のサワードゥ（天然酵母）生地を使ったピザ屋。この日の日替わりはカレー味で大正解

## Kakaako Farmers' Market
カカアコ・ファーマーズ・マーケット
→ MAP P202-C4

### よりヘルシーにこだわる人はカカアコへ
グルテンフリーのベーカリーや、グリーンスムージー専門店など、本格的にカラダに優しいフードばかり。KCCにチャラさを感じてしまう人は、こちらのほうがおすすめ。僕はどっちも好きですが(笑)。

🏠 1050 Ala Moana Blvd.  🕐 土8:00～12:00

ひとりごと 前は水曜にサンセット・マーケットもやっていたけど残念ながらクローズ(涙)。お酒も飲めていい雰囲気だったのになぁ

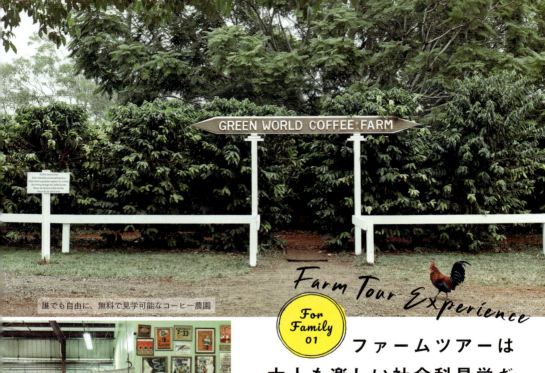

誰でも自由に、無料で見学可能なコーヒー農園

*Farm Tour Experience*

**For Family 01**

# ファームツアーは大人も楽しい社会科見学だ

ここからはファミリー向けアクティビティをご紹介。僕も息子を連れてハワイを旅しますが、彼にはできるだけ自然や文化に触れ、日本では体験できないことを学び取ってほしいと思っています。ただせっかくのハワイ、できれば大人も楽しみたい(笑)。そんなときは、コーヒー豆や南国フルーツの栽培を見学し、実際にテイスティングもできる農園ツアーがおすすめ。畑で育ち食卓に並ぶまでの「ファーム・トゥ・テーブル」の過程を知ることで、大人は知的好奇心を刺激され、子供は「食」や「大地」へ感謝の気持ちを育むことができるでしょう。ただ、ラム酒のツアーは完全に大人の趣味ですけどね(笑)

豆が色づいたあと天日干しして、焙煎されるまでの過程をディスプレイで学べます

ワイキキから車で約40分

## Green World Coffee Farm
グリーン・ワールド・コーヒー・ファーム
→ MAP P195-B3

### 豆が目の前でコーヒーに

ハレイワへ向かう途中にあるコーヒー農園。カフェやみやげ売り場も併設。僕もドライブの途中、熱々のコーヒーを購入しに立ち寄ることが多いです。ノースショアやマウイ島など、各産地のコーヒーが試飲できます。

📍 71-101 Kamehameha Hwy. Wahiawa
📞 622-2326
🕐 6:00〜17:00(金〜18:00、土日7:00〜18:00) CLOSE なし
料金 無料  greenworldcoffeefarm.com

038

Nature & Activity ファームツアー

ツアーは月水金の13:00から催行。フルーツの試食付き

（右）貴重なハワイ産のアサイボウル（$11）。生産量が少ないため売り切れることもある

🚗 ワイキキから車で約60分

## Kafuku Farms
カフク・ファームズ
→ MAP P194-A4

### ハワイで初めてアサイを栽培

オアフ島北部で日系3世が営む農園。2010年から園内を回るワゴンツアーを開始。リリコイバターやアップルバナナ、マカダミアナッツをふんだんにのせたアサイボウル（すべてこちらで栽培！）はぜひトライしてみて。カフェは誰でも利用可。

🏠 56-800 Kamehameha Hwy. Kahuku 　送迎 現地集合のみ　📞 628-0639　🕐 11:00〜16:00　CLOSE 火　料金 $32（5〜12歳は$22、4歳以下無料）　🌐 kahukufarms.com

🚗 ワイキキから車で約40分

## Kō Hana Rum Tasting Tour
コハナ・ラム・テイスティング・ツアー
→ MAP P195-C3

### 奥深きサトウキビの世界

ハワイ産サトウキビから造ったラム酒4種を試飲し、畑や蒸留所も見学できる。マイタイやピニャコラーダなど、ラムベースのお酒好きな僕は目から鱗。ロバーツ・ハワイが送迎付きツアーを催行しているが、値段はだいぶ高い。

🏠 92-1770 Kunia Rd. Kunia　送迎 現地集合のみ　📞 649-0830　🕐 10:00〜18:00　CLOSE なし　料金 $25　🌐 kohanarum.com

ひとりごと　カフク・ファームズはKCCファーマーズ・マーケット（→P34）にも出店。残念ながらアサイボウルは売っていないが、リリコイバターは購入可。パパイヤも人気

## For Family 02
## Theme Park
## 子供が喜ぶ、ためになる！6つのテーマパーク

この6つは僕自身、いつか息子を連れて行きたいスポット。ポリネシアンカルチャーから動物の生態系、第2次世界大戦までジャンルはさまざまですが、共通しているのはどれも楽しみながら学べるという点。子供を連れて行く手前、親も当然勉強することになるため、よりハワイについて知るチャンスでもあります。1回の滞在につきひとつずつでいいので、親子でつきっきりで学び、親子の絆も深められたら最高ですね。

### Sea Life Park Hawaii
シー・ライフ・パーク・ハワイ
→ MAP P194-D6

**イルカと一緒に泳げる**

イルカやアシカ、エイなどと触れ合える体験型マリンパーク。体験には別途参加費が必要になりますが、入場料と餌代だけで楽しめるショーも多数あります。

41-202 Kalanianaole Hwy. Waimanalo
ワイキキから車で約40分　9:30～16:00
CLOSE なし　入場料$42（3歳～12歳$26）
hawaiisealifepark.jp

### Bishop Museum
ビショップ ミュージアム
→ MAP P197-C1

**歴史や文化を楽しく学ぶ**

ハワイ州最大の博物館。実物大のマッコウクジラやウミガメの模型が天井から吊るされており、子供が楽しみながら学べるスポットになっています。

1525 Bernice St.　ワイキキから車で約25分　9:00～17:00（入館は16:30まで）CLOSE なし　入館料$24.95（4～17歳$16.95）
bishopmuseum.org/japanese-home-page

### Polynesian Cultural Center
ポリネシア・カルチャー・センター
→ MAP P194-A4

**ハワイのルーツを体験できる**

東京ドーム3個分の敷地内では、カヌーショーや伝統のダンス、さらには火おこしやヤシの木登りの実演など、ポリネシアンライフのすべてを体感できます。

55-370 Kamehameha Hwy. Laie
ワイキキから車で約70分　11:45～21:00
CLOSE 日　スタンダード$89.95（3～11歳$71.95）
polynesia.jp

### Dole Plantation
ドールプランテーション
→ MAP P195-B3

**体験型パイナップル農園**

食品企業「Dole」が運営するパイナップル農園。巨大迷路やトレインツアーなど、家族で楽しめるアクティビティが満載。もちろん取れたての果物も味わえます。

64-1550 Kamehameha Hwy. Wahiawa
ワイキキから車で約40分　9:30～17:30
CLOSE なし　トレイン＆迷路$18.25（4～12歳$13.75）
doleplantation.com/jp

### Battleship Missouri Memorial
戦艦ミズーリ記念館
→ MAP P194-C4

**子供と平和を考えるきっかけに**

平和の象徴として真珠湾に係留。内部は記念館になっており、日本の降伏文書調印式や、ゼロ戦が衝突した際の様子を日本語で聞くことができます。

63 Cowpens St.　ワイキキから車で約30分　8:00～16:00　CLOSE なし　$29.99（4～12歳$13.99）
ussmissouri.org/jp

### The Honolulu Zoo
ホノルル動物園
→ MAP P200-B6

**檻のない自然に近い環境で展示**

キリンやサイ、ライオンなど、大物が待ち構える「アフリカサバンナ」ゾーンは迫力満点。子供向け動物園「ケイキ・ズー」では、直接ヤギやポニー、リャマなどと触れ合えます。

151 Kapahulu Ave.　9:00～16:30
CLOSE なし　$19（3～12歳$11、2歳以下無料）honoluluzoo.org

Nature & Activity

6つのテーマパーク

For Family 02

アフリカの珍獣「ボンゴ」もこの至近距離!

041 ひとりごと あえてひとつに絞るとしたら、やっぱり「ホノルル動物園」。夏はトワイライト・ツアー(→P54)も催行、暑過ぎる日中より子供の負担も少なくておすすめ

「ダ・フローライダー」(有料)で人工波にトライ

🚗 ワイキキから車で約40分

# Wet 'n' Wild Hawaii
ウェット&ワイルド・ハワイ
➡ MAP P195-D2

## 25のアトラクション&スライダー

絶叫系からリラックス系まで多くのプールがあり、子供と一緒に大人も大はしゃぎで楽しめます。日本のプールのように行列することもありません。たまに貸切営業の日もあるので、必ず事前に営業日カレンダーを確認して！

🏠 400 Farrington Hwy. Kapolei 【送迎】ホテル送迎付き、もしくは現地集合 ⏰ 10:30～15:30が多い(時期や曜日により異なる) 【CLOSE】火水が多い(時期により異なる) 【料金】入場料$52.35 (3～11歳$41.88)、送迎付き$78.53 (3～11歳$68.06) 🌐 jpwetnwildhawaii.com

数々の仕掛けが待ち受ける「ウォーターワールド」

緑に囲まれた流れるプールは全長260m

## Swimming Pool
**For Family 03**

# ビーチよりプール派でも大丈夫です

海は苦手というシティ派なお子様のために、プールも紹介しておきましょう。ハワイ州で唯一のウォーターパーク「ウェット&ワイルド」では、ありとあらゆる水遊びが体験可能。なかには大人が絶叫してしまうほどのスライダーもあります。年間を通して晴天率の高いカポレイなのでワイキキが悪天候でもここは晴れていることも(まれに逆もありますが)。年齢制限はないですが、アトラクションごとに身長制限があるので注意。

042

Nature & Activity ▷▷▷ ビーチよりプール派

For Family 03

60〜120cm級の波の出るウェーブプール

## こんなプールの使い方も！

これまでハワイでプールといえば「滞在先のプール」か「ウェット＆ワイルド」の2択でしたが、そんな常識を打破したのが「リゾートパス」。プール派にはうれしい、画期的な新サービス。あと実は公共のプールも使えます。

### 裏ワザ！その2　無料で泳げる50mの公共プール！

ワイキキから車で約15分

**Manoa Valley Swimming Pool**
マノア・バレー・スイミング・プール
➡ MAP P205-C2

#### ローカルに交じって黙々と泳ぐ！

ひたすら泳ぎたい人は、ハワイの公共プールもおすすめ。僕も食べ過ぎたときは、ここで泳いでカロリー消費しています。50mプールなので4往復したらもうヘトヘトですが（笑）。無料なのはうれしいけど、温水ではないので冬場は寒く感じるかも。

📍2721 Kaaipu Ave.　🕐月水10:30〜12:30、14:30〜20:30（火木10:30〜12:30、14:30〜17:00　金10:30〜12:30、14:30〜17:00、18:30〜20:30、土日13:00〜17:00）　CLOSE なし　料金 無料

### 裏ワザ！その1　ホテルのプールをビジター利用！

**Resortpass.com**
リゾートパス・ドット・コム
🌐 Resortpass.com

#### 高級ホテルの施設が日帰り利用可能

2016年創業の新サービス。マリオットやヒルトン、ハイアットなどのホテルグループと提携し、プールやスパ、ジムなどを宿泊せずに使える1Dayパスを販売。予約はすべて英語ですが、難しさはありません。2020年1月時点、ワイキキではアロヒラニやシェラトン、アウトリガーなど8ホテルで利用可能。1Dayパスは$40〜、カバナ（2名利用可）は$75〜それほど高くなく、天気が悪いときは当日10時までキャンセル無料なのもうれしい。

ひとりごと　プールで宿泊先を選んでいた人にとって、「リゾートパス」は画期的！ただし、今後ルール変更などには注意。新サービスってすぐ変わりますからね

*Architecture in Hawaii*

## 建築巡りで世界を巡る

意外かもしれませんが、ハワイにも面白い建築物は数多く存在します。僕のおすすめは、ハワイの景色や空気に溶け込んだこちらの4軒。例えばシャングリ・ラは、カハラ・アベニューから小道に入り、住宅街の先に佇む邸宅。世界を旅したドリス・デュークが各国からかき集めたイスラムやインド様式などのコレクションを、ダイヤモンドヘッドやビーチと交互に眺める不思議な感覚。ハワイにいながら、世界を巡っているような気分で楽しんでみてください。

（右上）ゲストを最初に通すシリアン・ルーム（上）奥にあるのはイランの世界遺産の宮殿を模して造られたゲストハウス（左上＆中央）インドでインスピレーションを得たムガル・スイート（下）中庭のペルシャ風モザイクタイル

044

## Liljestrand House
リジェストランド・ハウス
➡ MAP P197-B2

ワイキキから車で約20分

### ハワイモダン建築の最高傑作は丘の上に

ダニエル・K・イノウエ空港を手がけたウラジミール・オシポフ氏の代表作があるのは、タンタラスの丘の上。ハワイの心地よい風を通す、壁の少ない開放的な設計から、帰国時に空港で味わう「あー、帰りたくない！」の感覚が蘇ります。

インテリア好きをうならせるデザイン家具も見どころ。見学希望の場合はウェブから予約を

ハワイアンモダニズム

🏠 3300 Tantalus Dr. 📞 537-3116 🕐 不定期(予約制) ※ウェブのツアー予約フォームより申し込み(英語のみ) CLOSE 不定休 料金 $30（学生$20） www.liljestrandhouse.org

---

ワイキキから車で約15分

## Queen Emma Summer Palace
クイーン・エマ・サマー・パレス
➡ MAP P197-B2

### ヌウアヌ渓谷に潜む王家の避暑地

カメハメハ4世と妻のエマ王妃、息子のアルバート王子が夏を過ごした別荘。豪華絢爛ではないものの、ビクトリア様式とハワイ様式が融合した外観、コアの木で作られた家具、王家にまつわる展示品など見応えは十分。

高台にあり、ホノルルより涼しく過ごしやすい

ビクトリア様式

🏠 2913 Pali Hwy. 📞 451-0012 🕐 9:00～16:00 (日10:00～15:00) ※月～土曜の10:00、11:00、13:00、14:00（日曜は11:00、13:00）に無料ツアー催行（入場料は必要）CLOSE なし 料金 $10（5～17歳は$1） daughtersofhawaii.org/2017/05/01/queen-emma-summer-palace

---

ワイキキから車で約10分

## Central Union Church
セントラル・ユニオン大聖堂
➡ MAP P202-A6

### 天井や柱の間を風が通り抜ける

イギリス人によって建てられたゴシック調の教会。石造りの外観や空に伸びる尖塔がひときわ目立ちます。中をのぞけば、純白の柱に天井、そして真っ赤な絨毯がとっても素敵。式場としても人気で、実は僕もここで式を挙げました。

日曜朝やクリスマスのミサは誰でも参加可

ヨーロピアンゴシック調

🏠 1660 S Beretania St. 📞 941-0557 🕐 9:00～1時間ほど日曜礼拝が行われる ※礼拝中は誰でも入場可 CLOSE 礼拝時以外は基本入場不可 料金 無料 centralunionchurch.org

---

イスラム建築

## Shangri La
シャングリ・ラ
➡ MAP P196-C6

### イラン、インド、シリアetc. 世界中から芸術が集結

ハワイの奥深さを象徴するエキゾチックな邸宅。僕は勝手に「ハワイのアルハンブラ宮殿」と呼んでいます。個人見学は不可なので、ホノルル美術館のツアーを利用。www.shangrilahawaii.orgの解説（英語）も充実しています。

送迎 ホノルル美術館より出発 📞 532-3853 🕐 予約制。水～土9:00、10:30、12:00、13:30〜の1日4回、ホノルル美術館よりツアー催行 ※電話もしくはホームページより申し込み可能。水金の12:00は日本語ツアーも開催 CLOSE 不定休 料金 $25 honolulumuseum.org/4883-tours_shangri_la

---

045  ちなみにリジェストランド・ハウスでも結婚式は可能だそうです。独身の友達よ、誰かここで挙げてくれ！

# Friday Fireworks
## 金曜のヒルトン花火、どこで見る？

この花火、実はヒルトンのスーパープールのステージで行われている「ロッキン・ハワイアン・レインボー・レビュー」という屋外ショーのフィナーレの演出。ただおなかが減る時間なので、レストランで食事をしながら見るのがおすすめ(笑)。ベストスポットは子連れでも入りやすい「トロピックス・バー＆グリル」か、カジュアルなメキシカンの「ハウ・ツリー・カンティーナ」。カップルなら、少し離れてアラモアナセンター3階の「マリポサ」のテラス席から眺めるのも◎。金曜は混むので、どこのレストランでも必ず予約してから出かけよう。

毎週金曜 19:45〜
(6〜8月 20:00〜)
約5分間

### Hau Tree Cantina
ハウ・ツリー・カンティーナ
→ MAP P199-D2
ヒルトン・ハワイアン・ビレッジ1階　949-4321
10:30〜21:00　CLOSE なし

### Tropics Bar & Grill
トロピックス・バー＆グリル
→ MAP P199-D2
ヒルトン・ハワイアン・ビレッジ1階　952-5690
7:00〜22:30　CLOSE なし

ビーチでも、もちろん観賞可！

少し遠いけど
ベアフット・ビーチ・カフェ → P81
ミッシェルズ → P124

*Nature & Activity* 金曜のヒルトン花火

### Mariposa
マリポサ
→ MAP P202-C6

🏠 アラモアナセンター 3階 ☎ 951-3420 🕐 11:00〜14:00、15:00〜18:00（金土〜21:00） CLOSE なし

# Hilton Fireworks
ヒルトンの花火
→ MAP P199-D2

**週末の訪れを告げる
毎週金曜の風物詩**

「ロッキン・ハワイアン・レインボー・レビュー」を観賞する場合、入場料$30（1ドリンク付き）が必要。ショーが始まるのは19:00から。チケットは当日18:15から会場入り口で購入できる。

🏠 ヒルトン・ハワイアン・ビレッジ前デュークカハナモクビーチ

**ヘリツアーで
上から眺める！**

### Novictor Helicopters
ノヴィクター・ヘリコプター
→ P33

「フラッシング・スカイズ・ファイヤーワークス」（ひとり$240）では、まさにこの写真のような光景が眺められる。

047 ひとりごと 写真の左下の駐車場あたりでも、立ち見で観賞可能。距離はここが一番近いかも。音もサイズも大迫力です

## Yoga Awareness Hawaii
ヨガ・アウェアネス・ハワイ
→ MAP P200-D6

体の硬い僕でもリラックスできるプログラム。血の巡りが良好に！

### 風と太陽を全身で浴びる 最高のデトックス時間

ビーチ目の前の最高の環境で、テッド&マスミさん夫婦が主宰するヨガクラス。ハードな動きはなく、まるで氷が溶けるように心身が癒やされていきます。要事前予約、火木土日7:00集合のサンライズ・朝ヨガもあり。

ベアフット・ビーチ・カフェの海側集合 ● 火木土日17:15集合、17:30開始（11〜3月は16:15集合、16:30開始）CLOSE 月水金 料金 $20（マットレンタルは+ $3）yogawaikikibeach.com

# Don't Think, Just Try!
## 人生を変える、かもしれないレッスン

ハワイでのヨガデビューがきっかけで、プロになった知人がいます。僕もハワイでサーフィンに出合い、旅先で欠かせない趣味のひとつになりました。最高の環境で受けるレッスンは、その後の人生に影響を与えるほどパワフル。それでいて、ここで紹介するものは必要な準備も少なく、気軽に参加できるものばかり。新しい自分を見つけるチャンス、試してみては？

## Hans Hedemann Surf School
ハンズ・ヒーデマン・サーフ・スクール
→ MAP P200-B6

僕の初サーフもここ。浮力の高いロングボードで簡単に立てます！

### サーフィンデビューを 華麗にアシスト！

元世界チャンピオンによる老舗スクール。30分の説明&陸上レッスンのあと、最適な沖合のポイントへ連れていってくれる。レンタルも揃うが、水着とタオル、日焼け止めは持参。

クイーン カピオラニ ホテル1階 ● 9:00〜11:00、12:00〜14:00、15:00〜17:00 CLOSE なし 料金 $85（グループレッスン）hhsurf.com

048

*Nature & Activity* 人生を変える(?)レッスン

優しい指導のもと、すぐに簡単なコードを習得。気分は高木ブー！

## Ukulele Puapua Free Beginner Lesson
ウクレレぷあぷあ無料初心者レッスン
→ MAP P201-B2

### ウクレレ専門店が開催する30分の簡単レッスン

ウクレレの持ち方から優しく教えてくれる無料レッスン。簡単なコードを覚えて、なじみあるハワイアンソングに合わせて弾くのはとっても快感！ ウクレレの数に限りがあるので、10分前には並んでおくのがおすすめです。

シェラトン・ワイキキ1階　毎日16:00～16:30
CLOSE なし　料金 無料
www.ukulelepuapua.com/free-beginner-lesson

## Royal Hawaiian Center Hula Lesson
ロイヤル・ハワイアン・センター・フラ・レッスン
→ MAP P201-B2

ダンスというよりカルチャープログラム。年齢関係なく楽しめます

### ベテラン講師が基本動作をレクチャー

ベテラン講師プアケアラ・マンさんが指導してくれる無料レッスン。1曲踊れるようになり、ハワイアン音楽にも親しみを感じます。月金の午前には子供向けプログラムもあり。

ロイヤル・ハワイアン・センター 1階ロイヤルグローブ集合　月水金10:00～11:00、月金11:30～12:30（ケイキレッスン）　CLOSE 火木土日　料金 無料　jp.royalhawaiiancenter.com/Cultural-Programming

水中の運動が心地よく、過去何度も参加。朝9時からで爽快感抜群！

## Surfercise Fitness
サーファサイズ・フィットネス
→ MAP P202-C6

### プロサーファーが考案したエクササイズ

ハワイ在住のプロサーファー、田嶋鉄兵さんが考案した水中エクササイズ。優しく笑顔で指導してくれるけど、トレーニングはしっかり体幹に効きます(笑)。終了後、レッスン風景の写真が無料でもらえます。ウェブから要予約。

アラモアナ・ビーチ・パークのライフガードタワー 1E集合　月～金9:00～　CLOSE 不定休　料金 $49　www.surfercisefitness.com

不器用な僕でも無事作れました(笑)。旅先で花に触れるっていい！

## Royal Hawaiian Center Lei-Making Lesson
ロイヤル・ハワイアン・センター・レイメイキング・レッスン
→ MAP P201-B2

### 生花のほのかな香りに癒やされる

カラフルで香り高い生花に糸を通して作るレイ。滞在中、身につけて出かけたり、部屋に置いたり、ふとした瞬間に幸せな気持ちになれます。レッスンは先着順、対象は7歳以上。

ロイヤル・ハワイアン・センター C館2階集合　水金13:30～14:30　CLOSE 月火木土日　料金 無料(先着25名)
jp.royalhawaiiancenter.com/Cultural-Programming

ひとりごと ロイヤル・ハワイアン・センターのレッスンは頻繁にスケジュールが変わるので、事前にホームページを確認してから行ってくださいね！

木々の匂いや川のせせらぎを五感で感じて歩こう

ワイキキから入り口まで約20分

## Manoa Falls
マノア・フォールズ
→ MAP P194-D5

難易度／絶景度／アクセス

### 滝つぼでマイナスイオンチャージ

片道約30分(約1.3km)のトレッキングコース。うっそうと生い茂る木々の中、落差約60mの神秘的な滝つぼを目指します。ここは雨具や虫よけスプレーがあるとベター。夏は滝の中で泳ぐロコもいるので、水着で行くといいかも。アラモアナセンターからバスでもアクセス可。5番で終点マノア・バレーまで行き、徒歩10分ほどでトレイル入り口に到着です。

ラニカイビーチと双子島の絶景を楽しめる

ワイキキから入り口まで約35分

## Lanikai Pillbox
ラニカイ・ピルボックス
→ MAP P204 カイルア広域図

難易度／絶景度／アクセス

### エメラルドのビーチに絶対ため息

ピルボックスとは戦時中に造られた防御陣地。必ず見晴らしのよい場所にありますが、オアフ島のなかでもここはベスト・オブ・ベスト。片道20分程度で登れますが、急勾配があるため滑りにくい靴で。ラニカイは駐車スペースが少ないため、カイルアビーチに駐車して入り口まで歩くか、レンタサイクルで来るのが一般的。

ひとりごと 西海岸にあるマイリ・ピルボックス(→P71)も「ピンク・ピルボックス」として人気。難易度2、絶景度4くらいです

## Because It's There!
## 山を楽しめたらハワイビギナーは卒業!

正直僕は、山登りは苦手です。ただ、ハワイは山に登るとビーチがよりきれいに見渡せるので、うっかり登ってしまいます(笑)。登り道は毎回後悔していますが(特にココ・ヘッドはキツかった!)、山頂からの景色は絶対に裏切りません。どこを登るにも水、帽子、運動靴、日焼け止めは必須。「難易度」を参考に、自分に合ったコースを選んで!

050

*Nature & Activity* / トレッキング

ワイキキから入り口まで約10分

# Diamond Head
ダイヤモンドヘッド
→ MAP P198-C6

難易度／絶景度／アクセス

ここももともとは米軍の沿岸防衛設備でした

## 登らずしてハワイは語れない

大昔の火山活動によってできた鎮火口。難易度は低く、登山道も整備されているため誰でも気軽に登れますが、頂上からの絶景は息をのむ美しさ。冬場は夜明け前から登り、山頂からの日の出も人気です。山頂まで片道約30〜40分。ワイキキ・トロリーのグリーンラインが登山道の入り口まで運行しているので便利。

雨が降ると滑りやすいけど、そのぶん滝も迫力十分

ワイキキから入り口まで約20分

# Koko Head
ココ・ヘッド
→ MAP P194-D6

難易度／絶景度／アクセス

## 一直線の登山道はかなりハード

階段のようなトロッコレールの廃線跡を、一直線に登って行く上級者コース。標高は400m弱ですが、かなりキツめ。日陰が一切なく、日差しに体力を奪われます。山頂まで片道約45〜60分。ワイキキから22番のバスに乗り、Kalanianaole Hwy.＋Hanauma Bay Rd.で下車、入り口まで徒歩10分ほど。駐車場の周辺に売店はないので、水を忘れずに。

人も少なく、ピルボックスからの絶景をひとり占め

ワイキキから入り口まで約60分

# Ehukai Pillbox
エフカイ・ピルボックス
→ MAP P195-A3

難易度／絶景度／アクセス

## ノースショアの海岸線を見渡す

サンセットビーチ小学校の駐車場脇の入り口から登り、5分ほどで傾斜がきつい岩場に差し掛かりますが、ここが一番の難所。あとは歩きやすい平坦な道に変わります。片道約25分、終始日陰なので体力的にも楽チン。ピルボックスはふたつあり、ふたつ目のほうが絶景なので途中で引き返さないように。バスで行くのは不便。

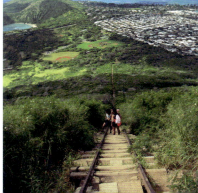

ハワイカイとハナウマ湾の絶景が両方楽しめる

# Hotel Spa 天国に一番近い(？)スパ

オーシャンビューとガーデンビュー、五感に心地よい施術環境で、かつスタッフのスキルが高く今まで一度もハズレなしだった2軒をセレクト。お値段のする高級スパではあるけれど、天国への往復切符だと思えば高くない!?

## Moana Lani Spa
モアナ ラニ スパ
→ MAP P201-B3

### 魂までも癒やすスパ

身も心も解きほぐしてくれるのが、ハワイで受け継がれてきた伝統のヒーリング法と、高いスパ技術を融合させた「ストーン・オブ・アプアケハウ(80分$275〜)」。ロミロミのクム(師匠)から授かった神聖なストーンを使い、体のエネルギーをポジティブに変換。その後、シグネチャーのボディクリームを使ったロミロミを全身に。ハワイのスパならではのメニューです。

🏠 モアナ サーフライダー ウェスティン リゾート&スパ2階 ☎ 237-2535 🕐 8:00〜21:00 CLOSE なし 料金 $165（マッサージ50分） 🌐 www.moanalanispa.jp/treatment-guide.htm

施術後は、眺め抜群のラウンジやジャグジー、サウナに好きなだけ滞在可能。このスパ施設のみ利用できる1日パス($50〜)もあり

## Abhasa Spa
アバサ スパ
→ MAP P201-C3

### 風そよぐガーデンスパ

ロイヤル ハワイアン ホテルの中庭にある、ワイキキ唯一のガーデンスパ。爽やかな風と緑の中で受ける施術は格別。おすすめは「アバサ ハーモニー(50分$165)」。指圧マッサージで的確にツボを刺激されたと思ったら、リズミカルなロミロミで緊張がほぐされ、リラックス効果抜群。夕方はキャンドルが灯り、一層安らぐ雰囲気に。

鳥のさえずりを聴きながら、至福のひととき。寝てしまってはもったいない……

🏠 ロイヤル ハワイアン ラグジュアリー コレクション リゾート1階 ☎ 922-8200 🕐 9:00〜21:00 CLOSE なし 料金 $160（ロミロミ50分） 🌐 www.royal-hawaiian.jp/activities/abhasa-spa.htm

# Massage ゴッドハンド指名のマッサージ

天国には行けないけど、神様には会いたい……。そんなとき、僕はハワイの「あかねさん」か「はなえさん」に電話します。鎖のついたような体を、1時間で羽が生えた天使に変える。そんなゴッドハンドの持ち主をご紹介。

ルアナ・ワイキキで「あかねさん」指名！

## Luana Waikiki
ルアナ・ワイキキ
→ MAP P201-B2

### プロスポーツ選手も常連

僕がTギャラリアに行くのは、だいたい買い物よりルアナ・ワイキキが目的（笑）。マッサージ激戦区ワイキキで17年以上の実績を誇るだけあって、その技術は確かです。おすすめは、シンプルに「ロミロミ」。カウンセリングをして、都度自分の体にベストな施術をしてくれます。60分で$80、90分で$120。できれば僕は、180分くらいお願いしたい（笑）。

🏠 #716, Tギャラリア by DFS内, 2222 Kalakaua Ave. 📞 926-7773 🕐 10:00～22:30（土日16:00～ 完全予約制） CLOSE なし 料金 $80（ロミロミ60分） 🌐 www.luana-waikiki.com

（上）オイルを使い、ひじや腕で全身をマッサージ。凝りやむくみもグッバイ（左）壁に数多くのスポーツ選手や著名人のサインがあるのも納得

アナイ87で「はなえさん」指名！

プラス$20～でホテルへ出張マッサージも可能

## Anai87 Massage Salon
アナイ87・マッサージサロン
→ MAP P202-B6

### 筋膜リリースで体が軽い！

疲れがひどいときに行く、アラモアナのセンチュリー・センター内にあるサロン。おすすめは「Manaマッサージ（60分$65）」。ロミロミや指圧、オイルマッサージ、筋膜リリースなどを組み合わせたちょっと強めのメニューですが、疲れた体にめちゃくちゃ効きます。体が軽くなるのはもちろん、頭すっきり、視界も広がり、深く息が吸えるようになりました。

🏠 センチュリー・センター内, 1750 Kalakaua Ave. #1409 📞 729-0773 🕐 9:00～20:00 CLOSE なし 料金 $60（ロミロミ60分） 🌐 www.anai87hawaii.com

ひとりごと モアナ ラニ スパのブティックエリアでは、カシウェアのフーディが日本よりだいぶ安く販売。過去、ここで何着も購入しています

Nature & Activity
スパ＆マッサージ

# DEEP TECHNIQUES
## ちょっとマニアックなテクニック

*Nature & Activity*

知っているとお得な裏技や、ちょっと鼻高々な小ネタを集めました。全員に刺さらなくても、一部のハワイおたくに「うんうん」と共感してもらえたらうれしいページです(笑)。

### Tonggs Beach
トングス・ビーチ
→ MAP P196-D5

住宅街を抜けてたどり着くシークレットビーチ？

カピオラニ公園の東端のさらに先の住宅街にあるビーチ。砂浜というよりサーフィンのためのアクセスポイントですが、小道を抜けていくワクワク感があります。散歩ついでにどうぞ。

### Kapiolani Regional Park Tennis Courts
カピオラニ公園テニスコート
→ MAP P198-D4

ハワイのテニスコートは誰でも無料で使えます！

「PUBLIC FACILITY」の青い看板がかかった公共テニスコートはなんと無料。ダイヤモンドヘッドを望むこちらのほか、アラモアナにも10面あります。以下のお店で用具の購入やレンタルも可能！

「マッカリー・バイシクル」でラケットのレンタルができる

🕐 日の出～22:00　CLOSE なし
💰 無料

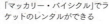

### Art After Dark Honolulu Museum
アート・アフター・ダーク（ホノルル美術館）
→ MAP P202-B4

1～10月最終金曜は美術館でナイトイベント！

日中は静寂に包まれた美術館が、パーティ会場に変身するのは1～10月の最終金曜日の夜。お酒を飲みながら、芸術鑑賞もまた一興。DJや生演奏もあり、参加者も皆おしゃれです。

📍 900 S Beretania St.
🕐 最終金曜の18:00～21:00（1～10月のみ）
CLOSE なし　💰 $30～40ほど（イベントによる）
🌐 honolulumuseum.org/events/art_after_dark

### Honolulu Zoo Twilight Tours
ホノルル動物園・トワイライト・ツアー
→ MAP P200-B6

涼しい動物園を回ろう！トワイライト・ツアー

動物たちが活発に動き始めるのは、日が傾き、気温が下がり始めてから。金土の夕方だけ催行するこちらの2時間ツアーは、本来の姿が見学できるとして人気。ウェブ予約が必要です。

📍 151 Kapahulu Ave.（トワイライトツアー入り口は別なので注意）　📞 926-3191
🕐 16:30～18:30（10月～3月の金土）、17:30～19:30（4月～9月の金土）　CLOSE 不定休
💰 $20（3～12歳$15、2歳以下無料）　🌐 honoluluzoo.org/twilight-tours

Nature & Activity　マニアックなテクニック

### Biki
ビキ

乗り捨て可能な自転車貸し出しサービス。一気に行動範囲が広がり便利。利用にはクレジットカードかデビットカードが必要。ウェブにある動画で乗り方をチェックすれば完璧。

日本語で簡単に借りられるレンタサイクルシステム

🏠 ホノルル市内130ヵ所　☎ 340-2454（カスタマーサービス・英語）　🕐 24時間（カスタマーサービスは6:00〜23:00）　[CLOSE] なし　[料金] $4（1回、30分まで）もしくは$25（回数制限なし、300分まで）
🌐 gobiki.org/japanesejp/treatment-guide.htm

### 楽天カード ワイキキラウンジ
→ [MAP] P201-B2

年会費無料のカードで使える便利なラウンジ

立地や豪華さでいち押しのラウンジ。楽天カード保有者であれば利用OK。僕もプリンターやベビーカーレンタルなど使わせてもらっています。奥の楽天トラベルデスクではOPツアー申し込みも可。

🏠 Tギャラリア ハワイ by DFS2階　☎ 926-0151　🕐 9:30〜20:00（19:45最終受付）　[CLOSE] なし　[料金] 無料（楽天カード保有者と同伴者）
🌐 www.rakuten-card.co.jp/overseas/hawaii

### Byodo-In Temple
平等院テンプル
→ [MAP] P194-C5

ワイキキから車で約40分

日系移民が建立した平等院は一見の価値あり

カネオヘの山中にある、宇治の平等院を模した寺院。メモリアルパーク（墓地）内にあるが誰でも見学可能。『ロスト』のロケ地になった影響からか、米国の観光客が意外と多い。

🏠 47-200 Kahekili Hwy. Kaneohe　☎ 239-8811　🕐 8:30〜17:00　[CLOSE] なし　[料金] $5（12歳以下無料）

### Kuhio Beach Hula Show
クヒオ・ビーチ・フラショー
→ [MAP] P200-B4

サンセットをバックに無料のフラショーを堪能

できればホラ貝を吹き、トーチに火を灯すオープニングセレモニーから鑑賞してほしい。美しい夕焼けの中、王朝時代からの伝統を引き継ぐ神聖なショー。これが無料なのは贅沢です。

🕐 火木土18:30〜19:30（11〜1月は18:00〜19:00）　[CLOSE] なし　[料金] 無料

### Hawaloco Concierge
ハワロコ・コンシェルジュ

ハワイ在住、『JJ』の元人気モデルMieさんが主宰するローカルツアー。本人が案内してくれるヘルシー＆ビューティツアー（3時間、$773.88）はファンならずとも貴重な体験。

🕐 WEBより予約制　[CLOSE] 不定休　[料金] $442.85〜（6名まで参加可能）
🌐 www.hawaloco.com

ハワイ在住人気モデルが案内するロコツアー

### Vans Triple Crown
ヴァンズ・トリプル・クラウン

誰でも自由に観覧可、世界的なサーフ大会

ノースショアのハレイワ、サンセットビーチ、パイプラインの3ヵ所で開催される世界大会。プロサーファーの妙技と冬場のビッグウェーブが無料で見られる（一部は有料席）。

🕐 11月中旬〜12月中旬（当日のコンディションによる）　[料金] 無料
🌐 www.vanstriplecrownofsurfing.com

ひとりごと　楽天カードのラウンジはアラモアナセンターにもオープン。ハワイ旅行のためだけでもカードを作る価値ありです！

# Nature & Activity

## ワイキキを出て ローカルタウンへ

僕がハワイに取りつかれたのは、ローカルタウンの魅力を知ってから。ワイキキはある意味、「ハワイで一番、ハワイらしくない場所」。ローカルタウンこそが、ハワイの素顔だ。各タウンを巡ると、ロコたちの素朴でヘルシー（だけど素敵！）なライフスタイルが見えてくる。自然と隣り合って暮らす彼らは、皆強く、そして優しい。ここではそんなロコたちの街に少しだけおじゃまするため、3本のドライブコースと5つのタウンガイドを紹介する。

レンタカーがベストだけど、各ページでバスやトロリーのアクセスも紹介しているので諦めないで！

# Driving to East Side
## 東海岸ドライブ

もし1日だけレンタカーを借りるのであれば、こちらの「東海岸ドライブ」と「カイルアタウン(→P60)」がおすすめ。45分ほどの道中はグルメスポットと撮影ポイントの連続で、特に地図上4番〜6番はオアフ島でもベスト・ドライブコース。さらにカイルアタウンは買い物も楽しめます。帰りは61号(パリ・ハイウェイ)でワイキキへ。こちらの山抜けのルートも大迫力。

**トロリー**
「ワイキキトロリー・ブルーライン」「Lea Leaトロリー・東海岸観光絶景ライン」、「オリオリシャトル東海岸」がシー・ライフ・パークまで運行。

## 6 Makai Research Pier
マカイ・リサーチ・ピア
→ MAP P194-D6

### インスタで一躍注目された桟橋

桟橋の下の景色がインスタ映えすると、一時ブームに。横のビーチで少しのんびりするのもよい。駐車スペースあり。ちなみに橋の先にあるのはハワイ大学の海洋生物研究所。

## 5 Makapu'u Point
マカプウ・ポイント
→ MAP P194-D6

### 難易度は低いが、満足度は抜群

片道約30分。ベビーカーを押しながらでも歩けるほど、舗装されたハイキングルート。冬にはクジラが見つかることも。日よけがなく帽子は必須だが、風が強いので飛ばされないように。

🕐 7:00 〜 18:45 (夏季は〜19:45) CLOSE なし 料金 無料

## 4 Hanauma Bay
ハナウマ・ベイ
→ MAP P194-D6

### 屈指のシュノーケリングポイント

自然保護区のため入場料と、環境保護に関する9分間のビデオ鑑賞が必要。シュノーケリングのレンタルやロッカーなど完備。混むので朝8時前までに行くといいでしょう。火曜休みにも注意してください。

🕐 6:00 〜 18:00 (夏季は〜19:00) CLOSE 火 料金 入場$7.5 (12歳以下無料)、駐車場$1
hanaumabaystatepark.com

## 7 Nuuanu Pali Lookout

ヌウアヌパリ展望台
→ MAP P194-C5

### 絶景、強風、怪談の名所

山肌が間近に迫る展望台。大王軍に追われた戦士たちが飛び降りた悲劇の舞台でもあるため、夜になると戦士たちが現れ行進を始めるという有名な怪談が。

料金 駐車場$3

**こちらも寄り道!**

- A ザ・カハラ・ホテル&リゾート → P183
- B アンクル・クレイズ・ハウス・オブ・ピュア・アロハ → P113
- C ココ・ヘッド → P51
- D シー・ライフ・パーク・ハワイ → P40
- E ベロウズ・フィールド・ビーチ → P21
- F カイルアタウン → P60
- G ホオマルヒア・ボタニカル・ガーデン → P20

### 移動のヒント

**レンタカー**
カイルアまでは、通常H1で西側へ向かい、パリ・ハイウェイで山の中を通るルートが最短で約30分。ここで紹介している海沿いのルートだと、寄り道なしで最短で45分ほど。

**ザ・バス**
ワイキキからシー・ライフ・パークまではNo.22と23のザ・バスが出ており、途中下車なしで約1時間。No.23はハナウマ・ベイ側を通らないので注意。シー・ライフ・パークとカイルアタウンの間はザ・バスNo.67で約30分。ワイキキからカイルアへの最短ルートはP60参照。

## 1 Kahala Mall

カハラ・モール
→ MAP P198-A6

### 高級住宅街のマダム御用達モール

ドライブに向けてホールフーズで飲み物やお菓子を調達。フルーツ売り場に置いてあるフレッシュジュースはビタミン補充に◎。ロングス・ドラッグスやスタバもあります。

4211 Waialae Ave. 店舗により異なる。ホールフーズ・マーケットは7:00〜22:00 CLOSE なし www.kahalamallcenter.com

## 2 Island Brew Coffeehouse

アイランド・ブリュー・コーヒーハウス
→ MAP P194-D5

### ラグーンビューが目に優しい

ワッフルやアサイボウルなど、朝食メニューはどれもおいしいけど、一番の魅力は目の前に広がるラグーンの景色。僕が好きなカウコーヒーもあり、ハワイのマイ・ベスト・カフェのひとつ。

ハワイカイ・ショッピング・センター内、377 Keahole St. 394-8770 6:00〜18:00 CLOSE なし

## 3 Moena Café

モエナ・カフェ
→ MAP P194-D6

### 朝食のためだけでも来る価値あり

グルメアワード「ハレアイナ賞」ベスト朝食部門の常連。おすすめはホロホロに柔らかいショートリブのロコモコ。フライドライスに変えて$18.25。エッグベネディクト($13.75)もとてもおいしいと評判です。

ココ・マリーナセンター内、7192 Kalanianaole Hwy. 888-7716 7:00〜14:30 CLOSE なし

ひとりごと もしハワイに住むなら憧れるのがハワイカイ。Airbnb(→P184)に4泊だけしたけど、過ごしやすくて最高でした

### ワイキキからのアクセス

**レンタカー**
最短ルートはH1ウエストに乗りパリ・ハイウェイ経由で約30分。景色を楽しむならP58のルートがおすすめ。

**ザ・バス**
アラモアナセンターから67番のバスで約50分。「Kailua Rd. + Hamakua Dr.」か次の「Kailua Rd + Hahani St.」で下車が便利。バスは30分おきに運行。帰りは「Kailua Rd + Hahani St.」か「Kailua Rd. + Oneawa St.」から乗車。

## Kailua Beach
カイルア・ビーチ
→ MAP P204 カイルア広域図 （地図外）

### 全米No.1に選ばれたビーチ

タウンから少し離れているが、カイルアに来たら必ず立ち寄ってほしいのがここ。トイレやシャワー、更衣室があるのもうれしいポイント。カイルアタウンから歩くと約25分くらいです。

# Walking in KAILUA TOWN
## カイルアタウン

初ハワイでローカルタウンに行くなら、やっぱりまずはここから。ビーチに買い物、トレッキングなど、楽し過ぎる街、カイルア。紹介し尽くせないほどのおいしいレストランや、人気のスーパーマーケットがすべて徒歩圏内に揃っていて、本当なら2泊、いやそのまま住み着きたいぐらいです。こぢんまりしているとはいえ、効率的に回るためには、自転車を借りて移動するのもおすすめ。

### ビーチへは電動自転車が楽々

バス停からも近いこちらでレンタルするのがおすすめ。1時間につき$16〜。空きがないこともあるので、WEBで事前予約がベターです。2人乗り自転車やミニジープの貸し出しもあります。

**1 Pedego Kailua**
ペデゴ・カイルア
→ MAP P204-B3

- 319 Hahani St. Kailua
- 261-2453
- 9:00〜18:00
- CLOSE なし

060

## 2 Goen Dining + Bar
ゴエン・ダイニング＋バー
→ MAP P204-B2

**ロイ氏のカジュアルダイニング**

ロイズやイーティングハウス1849などを手がけるスターシェフ、ヤマグチ氏の最新ダイニング。店名は、食を通じて人の「ご縁」をつなぎたいとの思いから。

🏠 573 Kailua Rd. Kailua　📞 263-4636
🕐 11:30〜21:00　CLOSE なし

## 3 Down to Earth Kailua
ダウン・トゥ・アース・カイルア店
→ MAP P204-B2

**人気上昇中の自然派スーパー**

ハマクア通りにあった店舗が、元メイシーズ跡地に移転。カカアコ店もそうだけど、最近のダウン・トゥ・アースはイートインスペースやおみやげコーナーも充実。

🏠 573 Kailua Rd. Kailua
📞 262-3838
🕐 6:30〜22:00
CLOSE なし

## 5 Whole Foods Market Kailua
ホールフーズ・マーケット・カイルア店
→ MAP P204-B2

**ここのホールフーズが一番！**

ワードに大型店舗(→P154)ができても雰囲気が好きなのはこちら。品揃えはほぼ一緒だけど、カイルア限定のロゴ入りトートバッグやミニポーチなどがあり！

🏠 629 Kailua Rd. Kailua
📞 263-6800
🕐 7:00〜22:00
CLOSE なし

## 4 Boots & Kimo's
ブーツ＆キモズ
→ MAP P204-C2

**テイクアウトしてビーチへ**

ベタだけど「マカダミアナッツソース・パンケーキ($15.99)」は必食。ただ「カルビ・ショートリブ($19.99)」も絶品で、どちらにするかいつも悩みの種。混雑時も、持ち帰りにすると早く買えます。

🏠 151 Hekili St. Kailua
📞 263-7929
🕐 月・水〜金7:30〜15:00 (土日7:00〜)
CLOSE 火

**こちらも寄り道**
A ローレン・ロス → P163

ひとりごと　最近のダウン・トゥ・アースは、同じオーガニックスーパーのホールフーズをしのぐ勢い。イートインもそっちに行くことが増えました

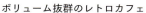

# Walking in KAILUA TOWN

## 6 Times Coffee Shop
タイムス・
コーヒー・ショップ
→P204-C2

### ボリューム抜群のレトロカフェ

ワイキキのワイラナ・コーヒーハウスなき今、レトロカフェで好きなのはここ。創業はなんと1959年、年季入ってます。おすすめはフライドライス(卵の目玉焼きのせ)。この量で$10.95はお得！

🏠 Hamakua Dr. Kailua　📞 262-0300
🕐 6:30〜14:00　CLOSE なし

## 7 Leinai'a
レイナイア
→P204-B1

### かわいすぎるリゾートアクセサリー

ピンクワゴンのお店が路面店をオープン。かわいくてハワイらしいモチーフのアクセサリーは、オーナーのマキさんの手作り。Alohaのブレスレット$48、ヤシの木のピアス$88〜など価格もお手頃です。

🏠 35 Kainehe St. Kailua　📞 312-3585　🕐 火〜土10:00〜17:00（日〜15:00）　CLOSE 月

062

Nature & Activity
カイルアタウン

## ⑧ Olive Boutique
オリーブ・ブティック
→ MAP P204-B1

### 店舗拡張し、ますます魅力に

カイルア＝おしゃれのイメージを築いたセレクトショップ。服だけでなく、アクセや食器やファブリックなど、すべてセンスよし。メンズは2店舗隣の「オリバー」へ。

43 Kihapai St. Kailua

263-9919　10:00～18:00（土日～17:00）　CLOSE なし

地図外
## Lanikai Beach
ラニカイ・ビーチ
→ MAP P204
カイルア広域図

ビーチに着くまでの小道が魅力！

サラサラの白砂と、正面の双子島の景観が見事なビーチ。駐車スペースが見つけづらいので僕はカイルアビーチ派ですが、ここで見たサンライズは最高でした。

## ⑨ Lei La'i Studio
レイ・ライ・スタジオ
→ MAP P204-A1

### ふんわり甘い生花の香り

レイ・アーティストのパマカニさんのフラワースタジオ。30分ほどで、とびきり素敵なハクレイ（花冠）を作ってくれる（$55～、事前予約がベター）。

438 Uluniu St. Kailua
397-9825
11:00～17:00（土10:00～）
CLOSE 不定休
leilaistudio.net

＼こちらも寄り道！／
⑧ ガスランプ → P132

ひとりごと　初カイルアなら「ブーキモ」「レイナイア」「オリーブ・ブティック」「カイルアビーチ」はおさえてほしい。一度で全部回るのは無理！また来よう！

# 6

## Roy's Beach House
ロイズ・ビーチ・ハウス
→ MAP P195-A3

### ロイズ唯一の
### オン・ザ・ビーチ店

ビジター客でも利用できるタートル・ベイ・リゾート内の人気レストラン。あのロイズの美食を、最高のロケーションで楽しめる。サーモンBLTのサンドイッチは$18。

🍴 タートル・ベイ・リゾート内、57-091 Kamehameha Hwy. Kahuku 📞 293-7697 🕐 11:00～14:45、15:00～16:45、17:00～21:45 CLOSE なし

## Driving to North Shore
ノースショア・ドライブ

ノースショアの魅力はやっぱりビーチ。ただし、その表情は季節によって180度異なります。貿易風が吹き始める10月以降は、大波が立ちサーフィンのメッカとなる一方、夏は小さな子供でも楽しめるほど穏やかな海に。ビーチホッピングを楽しみつつ、ハレイワで買い物やB級グルメの定番の楽しみ方だけど、タートル・ベイ・リゾートに足を踏み入れると、またノースの奥深さが味わえます。

### ワイキキからのアクセス

**🚗 レンタカー**
H1ウエストでH2に乗り換え、8番出口を降りてカメハメハ・ハイウェイ（99号線＆83号線）を直進。ワイキキからワヒアワまで最短で約30分、ハレイワタウンまでは最短で約50分。

**🚌 ザ・バス**
アラモアナセンターからハレイワタウンまでは52番で約1時間50分、約30分おきに運行。ハレイワタウンからカフク・ファームへは60番に乗り換えて最短で約50分、こちらも約30分おきに運行。バスは東海岸を回りアラモアナセンターまで戻る。

### ＼こちらも寄り道！／

- Ⓐ ワヒアワ → P66
- Ⓑ グリーン・ワールド・コーヒー・ファーム → P38
- Ⓒ ドールプランテーション → P40
- Ⓓ ハレイワタウン → P68
- Ⓔ カフク・ファームズ → P39

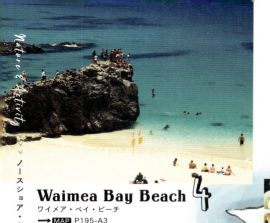

Nature & Activity
ノースショア・ドライブ

## 5 Ted's Bakery
テッズ・ベーカリー
→ MAP P195-A3

**サーファーも大満足の量**

パイの有名店だが、チーズがかかったガーリック・シュリンプ($15.10)やリブアイ・ステーキ($17.62)など、ガッツリ系プレートランチも美味。

🏠 59-024 Kamehameha Hwy. Haleiwa  ☎ 638-8207  🕐 月〜木7:00〜20:00 (金〜日〜20:30)  CLOSE なし

## 4 Waimea Bay Beach
ワイメア・ベイ・ビーチ
→ MAP P195-A3

**激混み駐車場の超人気ビーチ**

広々とした砂浜は全長500m。ノースで海水浴するのならここが一番おすすめ。ただ車を停められないときも多く、そんなとき僕はその先のサンセットビーチへ行きます。

## 3 LaniakeaBeach
ラニアケア・ビーチ
→ MAP P195-A3

**夏は高確率でカメに出合える**

別名ウミガメビーチ。もし見かけても、触らない、餌をあげない、近づき過ぎない(約2〜3m)、など法律で定められているのでちゃんと守りましょう。

## 2 Back In The Day Hawaii Vintage
バック・イン・ザ・デイ・ハワイ・ヴィンテージ
→ MAP P195-B2

**古きよきハワイヘトリップ**

アラカワストアにあった80年代のビンテージアロハ($125)や、ハラの木の葉で作ったラウアラバッグ(左$195、右$385)など、見る人が見ればわかるお宝がザクザク！

🏠 67-106 Kealohanui St. Waialua  ☎ 非公開  🕐 水〜土11:00〜17:00  CLOSE 日〜火

## 1 Paalaa Kai Bakery
パアラカイ・ベーカリー
→ MAP P195-B2

**名物ふわとろスノーパフィー**

ワイアルアにあるパン屋。名物スノーパフィーは、サクサク生地に、とろけるクリーム、粉雪のようなふわふわ砂糖。思ったほどは甘くなく、おやつに最適。

🏠 66-945 Kaukonahua Rd. Waialua  ☎ 637-9745  🕐 5:30〜19:00  CLOSE なし

ひとりごと もし木曜なら14〜18時、ワイメアバレーで開催しているハレイワ・ファーマーズマーケットに立ち寄りを。主催はカカアコと同じで、似たベンダーが出店

# Walking in WAHIAWA
ワヒアワ

「最近、ワヒアワが面白いんですよ！」そう教えてくれたのはローカルの友達。これまでマウイ・マイクスくらいしか知らなかったけど、調べてみたら魅力的なお店がザクザク

## ワイキキからのアクセス

**レンタカー**
H1ウエストでH2に乗り換え、必ず8番出口で降りる。最短で約30分。

**ザ・バス**
アラモアナセンターから52番のバスで約1時間30分。「Kamehameha Hwy. + Olive Ave.」で下車。バスは30分おきに運行。

## 1 Kitchen Delight
キッチン・デライト
→ MAP P205-A2

### ハワイ最安値？$2の朝食

ローカル指数150％のデリ＆おかず屋。目玉焼きとソーセージ、ライスの朝食コンボが驚きの値段（つい最近までは$1.75笑）。肉はハムorスパム、スクランブルエッグも選べる。

🍴 25 Mango St. Wahiawa　📞 622-3463
🕐 5:00〜14:00（土日6:00〜）　CLOSE なし

## 2 Maui Mike's Fire-Roasted Chicken
マウイ・マイクス・ファイヤー・ローステッド・チキン
→ MAP P205-B2

### ミリタリー御用達のチキン

「安い、うまい、ボリューミー」の三拍子揃った最高のコスパ飯。初めてなら写真のクォーター・チキン（$7.59）、2回目はチーズたっぷりのメルト・サンドイッチを試してみて。

🍴 96 S Kamehameha Hwy. Wahiawa
📞 622-5900　🕐 10:30〜20:30　CLOSE なし

066

Nature & Activity
ワヒアワ

ク。コミュニティ意識が高く、サーファーズ・コーヒーのようにボランティアで運営し、収益を地域に還元する取り組みも多いそう。周辺には陸軍飛行場や演習場があるため、アーミーの姿を多く見かけ、アメリカらしさも感じます。

### 3 SantoLoco
サントロコ
→ MAP P205-A2

**ドイツ発スケート＆サーフ店**

2019年6月オープン。本店はミュンヘンにある異色のサーフ＆スケートショップ。RVCAやTCSS、ヴィスラ、ダカイン、シーアなどブランドのセレクトも本格派。

🏠 35 S Kamehameha Hwy. Wahiawa
📞 652-1554　🕐 10:00〜18:00　CLOSE 日

### 5 Niu
ニウ
→ MAP P205-A2

**カジュアル＆リーズナブル**

ワヒアワ出身の女性3人によるセレクトショップ。メインランドのブランドが中心。地域貢献のため、毎週月曜に缶詰食品の寄付と引き換えに10%割引を行っています。

🏠 57 S Kamehameha Hwy. Wahiawa
📞 600-7052
🕐 9:00〜17:00　CLOSE 日

### 4 Surfers Coffee
サーファーズ・コーヒー
→ MAP P205-A2

**NPO運営のコミュニティカフェ**

ワヒアワの象徴的なカフェ。売上は非営利団体に寄付され、地元の音楽家やアーティストをサポート。雰囲気もよく、豆は「スタンプタウン」の豆を取り扱っています。

🏠 63 S Kamehameha Hwy. Wahiawa
📞 439-3644
🕐 7:00〜17:00（金〜21:00、日〜14:00）CLOSE なし

\ こちらも寄り道！ /
A ウーバー・ファクトリー → P136

067　ひとりごと「ハワイで最高のコスパ飯は？」って聞かれたら、僕の答えは「マウイ・マイクス」。カイルアに行く途中にもう1店舗あって、味もメニューも一緒

# Walking in HALEIWA

ハレイワ

よく「レトロな雰囲気」と紹介されるハレイワですが、それより僕が魅力的だと思うのは"サーフタウン独特の活気"。ヘルシー系のカフェやサーフショップには、健康的に日焼けしたスタイルのよいサーファーやヨギーニが集い、まぶしいくらいの笑顔を見せてくれます。気軽にSUP体験もできるので、その後カフェを巡って1日ヘルシーロコを実践してみては？

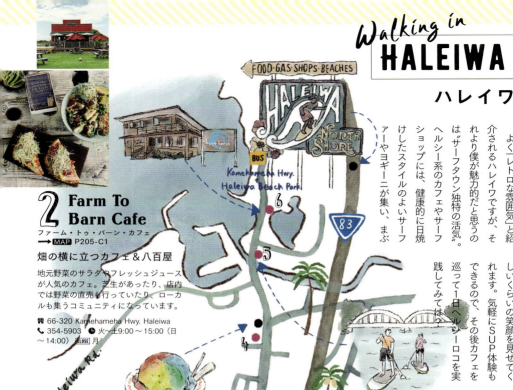

## 2 Farm To Barn Cafe
ファーム・トゥ・バーン・カフェ
→ MAP P205-C1

### 畑の横に立つカフェ＆八百屋

地元野菜のサラダやフレッシュジュースが人気のカフェ。芝生があったり、店内では野菜の直売も行っていたり、ローカルも集うコミュニティになっています。

🏠 66-320 Kamehameha Hwy. Haleiwa
📞 354-5903　🕘 火～土9:00～15:00（日～14:00）　CLOSE 月

## 1 The Beet Box Cafe
ザ・ビート・ボックス・カフェ
→ MAP P205-D1

### ヘルシー志向だがどれも美味

ベジタリアン・カフェが多いハレイワでも、圧倒的人気。アワード受賞歴もあるベジバーガーや、オート麦を使ったバナナ・パンケーキなど、メニューも豊富。

🏠 66-437 Kamehameha Hwy. Haleiwa
📞 637-3000　🕘 7:00～16:00　CLOSE なし

---

### ワイキキからのアクセス

**🚗 レンタカー**

H1ウエストでH2に乗り換え、8番出口を降りてカメハメハ・ハイウェイを直進。「HISTORIC HALEIWA TOWN NEXT LEFT」の標識が見えたら左折。最短で約50分。

**🚌 ザ・バス**

アラモアナセンターからハレイワタウンまでは52番で約1時間50分、約30分おきに運行。南側からハレイワタウンに入り、バス停「Kamehameha Hwy. + Opp Paalaa Rd.」などに停車。200～300mおきにバス停があり（地図上では省略）、終点のバス停「Kamehameha Hwy. + Haleiwa Beach Park」に着くと、大半のバスはそのままアラモアナセンター行きに切り替わる。ハレイワタウン内を北から南へバス移動する際は60番が便利。

068

Nature & Activity ハレイワ

## 6 Haleiwa Beach House
ハレイワ・ビーチ・ハウス
→ MAP P205-A1

### 開放感ある素敵ダイニング
ハレイワでおしゃれに食事をしたいならここ。ツナ・タルタル($15)やグリルド・シュリンプ($16)、フィッシュ＆チップス($16)など、シーフード系メニューが充実しています。

🏠 62-620 Kamehameha Hwy. Haleiwa
📞 637-3435　🕐 11:00〜21:00　CLOSE なし

## 5 Tropical Rush
トロピカル・ラッシュ
→ MAP P205-A1

### 橋から見たSUPはここでレンタル
アナフル橋すぐ横のボードショップ。SUPのほか、2人乗りカヤック(1.5時間$20)も貸し出している。レンタルすると、隣の店でシェイブアイスがもらえる。

🏠 62-620 Kamehameha Hwy. Haleiwa　📞 637-8886
🕐 9:00〜19:00　CLOSE なし　料金 SUPレンタル$20（1時間30分）
🌐 tropicalrush.com

©2020 Peanuts Worldwide LLC

## 3 Snoopy's Surf Shop
スヌーピーズ・サーフショップ
→ MAP P205-C1

### 狙うはハレイワ限定グッズ
ボードやアナフル橋が描かれた限定スヌーピーグッズが人気。おみやげ屋のようで、実は店内では伝説のシェイパー、ディックブリュワーのサーフボードも販売しています。

🏠 66-239 Kamehameha Hwy. Haleiwa
📞 637-9401
🕐 10:00〜18:00　CLOSE なし

## 4 Guava Shop
グアバ・ショップ
→ MAP P205-B1

### ビーチで使えるアイテム探し
オーナーはノース生まれ、LA育ち。シーフォリーやサンドリーなど、オーストラリアやカリフォルニアのリゾートブランドを取り扱う。カイルア店もあります。

🏠 66-111 Kamehameha Hwy. Haleiwa
📞 637-9670
🕐 10:00〜18:00（金土〜18:30）
CLOSE なし

069　ひとりごと　ハレイワといえば「マツモト・シェイブアイス」。僕が紹介するまでもないので省略したけど、レインボーのかき氷はこの街に来たらお約束

# Driving to West Side
## 西海岸ドライブ

このルートで一番の観光地はコオリナ。できれば泊まりたいリゾートエリアですが、ビジターでも楽しめるスポットをP72で紹介しています。コオリナから西はちょっとマニアック。赤茶けた山々や、青の濃い海岸線など、東海岸やノースとはまた違った美しさがあります。車上荒らしが多いエリアなので十分気をつけて。買い物は帰りがけに！

### こちらも寄り道！
- Ⓐ ウェット＆ワイルド ➡ P42
- Ⓑ コオリナ ➡ P72

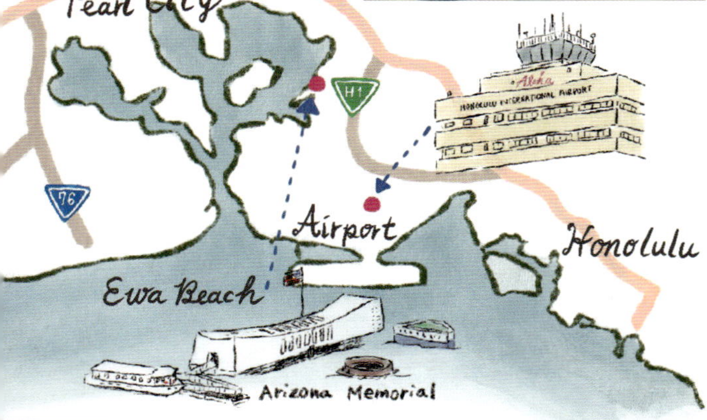

---

## 1 Waikele Premium Outlets
ワイケレ・プレミアム・アウトレット
MAP P195-C3

### ベビー服から高級ブランドまで
約60店舗が入るオアフ島唯一のアウトレットモール。西海岸（もしくはノースショア）ドライブのついでに寄ると効率的。どんなブランド入っているかはウェブを参照。

🏠 94-790 Lumiaina St. Waipahu ⏰ 9:00〜21:00（日10:00〜18:00） CLOSE なし
🌐 www.premiumoutlets.com/outlet/waikele

## 2 Ka Makana Ali'i
カ・マカナ・アリイ
MAP P195-D3

### ローカル向けの大型モール
2018年にオープンした、オアフ島で一番新しいショッピングモール。100店舗以上揃うが基本はロコ向けなので、お目当ての店があるかはホームページで事前に確認を。

🏠 91-5431 Kapolei Pkwy. Kapolei ⏰ 10:00〜21:00（日〜18:00）店舗により多少異なる CLOSE なし
🌐 www.kamakanaalii.com

## 3 Kapolei Commons
カポレイ・コモンズ
MAP P195-D2

### ディスカウントストアやスーパーが集結
T.J.マックスやマーシャルズのほか、ターゲットやダウン・トゥ・アース、さらにロイ・ヤマグチ氏のイーティング・ハウス1849も入る複合商業施設。

🏠 4450 Kapolei Pkwy. Kapolei ⏰ 10:00〜21:00（日〜18:00） CLOSE なし
🌐 www.kapoleicommons.com

---

### ザ・バス
アラモアナセンターから西海岸方面はエクスプレスCでカポレイ・コモンズまで約70分、マイリビーチまで約100分。ただ、カ・マカナ・アリイやコオリナには寄らないので、西海岸へバスで行くのはおすすめできない。

### トロリー
Tギャラリアからワイケレ・プレミアム・アウトレットまで「ワイキキトロリー・ワイケレライン」が運行、大人$29（3歳〜11歳$9.5）。ほかにもツアー会社数社がシャトルバスを運行。

---

ひとりごと　ワイケレの高級デパートのアウトレット「サックス・オフ・フィフス」はオフ率が40〜70%と高く、たまーに掘り出し物が見つかります

Nature & Activity　西海岸ドライブ

## 7 Pililaau Army Recreation Center
ピリラアウ・アーミー・レクリエーション・センター
→ MAP P195-C2

**米軍保養施設の最高ビーチ**

西海岸で海水浴をするならここがおすすめ。敷地への入り口で全員分のパスポート提示が必要ですが、その分敷地内では安心して楽しめます。

🏠 86-660 Lualualei Homestead Rd. Waianae　🕐 7:00～20:00　CLOSE なし　料金 無料

## 6 Kahumana Organic Farms & Café
カフマナ・オーガニック・ファームズ＆カフェ
→ MAP P195-C2

**野菜のおいしさを実感！**

「こんなところにカフェが？」と思いながら道を進んでいくと突如現れる。食堂のような佇まいですが、畑で取れたばかりの野菜は生命力を感じるおいしさ。

🏠 86-660 Lualualei Homestead Rd. Waianae　📞 696-8844　🕐 火～土 11:30～14:30、18:00～20:00　CLOSE 日月

## 5 Maili Beach Park
マイリ・ビーチ・パーク
→ MAP P195-C2

**週末はロコのBBQでにぎわう**

目前に太平洋、背後にマカハの山々が迫る360度絶景のビーチ。実はここで見るサンセットがマイ・ベスト。平日は人気が少ないので暗くなる前に帰ろう。

## 4 Maili Pillbox
マイリ・ピルボックス
（ピンク・ピルボックス）
→ MAP P195-C2

**傾斜は緩いが景色は抜群！**

頂上まで40分弱。乳がん撲滅のピンクリボン運動啓蒙のためピンクに塗られたピルボックスから、西海岸の絶景が一望できます。車上荒らしにはくれぐれも注意！

🏠 87-21 Farrington Hwy. Waianae

---

**移動のヒント**

🚗 RENT　レンタカー

H1ウエストでWaianae方面に進み、カ・マカナ・アリイへは3番出口、カポレイ・コモンズへは1番出口で下りる。最短で約40～45分。H1ウエストはその先93号線に変わるので、コオリナの標識が見えたら右折。最短約50分。マイリビーチなどへは93号線を直進、約60分。

## 1 Ko Olina Golf Club
コオリナ・ゴルフ・クラブ
→ MAP P195-D1

### LPGAの大会も開催

水の魔術師テッド・ロビンソンが手がけた、池やバンカーの景観が美しい18コース。てんとう虫のロゴが入ったグッズはゴルフ好きへのおみやげとして鉄板。

🏠 392 - 1220 Ali'inui Dr. Kapolei
📞 676-5300　🕒 火～日6:00～19:00（10/15～3/14 6:30～）
CLOSE 月、不定休　料金 プレイフィー$225（13時以降$160）🌐 jp.koolinagolf.com

# Walking in KO OLINA
コオリナ

西海岸きっての一大リゾートエリア。ここを代表する高級ホテル「アウラニ」&「フォーシーズンズ」の周辺に、レストランやゴルフ場が集まっています。どこも広々とした敷地で、ワイキキよりもハワイ島やマウイ島に近い雰囲気。P.182でも紹介してますが、伊澤いち押しのホテルなのでぜひ立ち寄ってみて。年間を通じて晴天率の高さでも知られ、青空が似合うエリアです。

## 2 Aulani, A Disney Resort & Spa, Ko Olina, Hawai'i
アウラニ・ディズニー・リゾート & スパ コオリナ・ハワイ
→ MAP P195-D1

### 大人も子供も夢の国へ

ビュッフェダイニング「マカヒキ」ではキャラクター・ブレックファストを開催。誰に会えるかは当日のお楽しみ。売店のスパムやシェイブアイスもキュート。

🏠 92-1185 Ali'inui Dr. Kapolei
📞 674-6200　🌐 aulani.jp

### ワイキキからのアクセス

🚗 レンタカー

H1ウエストでWaianae方面にひたすら進み、道の名前が93号線に変わったら、コオリナの標識が見えてくる。最短約50分。なお、コオリナへのザ・バスは運行していない。

\ アウラニのこちらもチェック！ /

カレパ・ストア → P153
ハレ・マヌ → P153

As to Disney artwork, logos and properties: ©Disney

*Nature & Activity ▸▸▸ コオリナ*

## 3
### Eggs'n Things Ko Olina
エッグスン・シングス・コオリナ
→ MAP P195-D1

**パンケーキだけじゃない**

ハワイ4店舗目のコオリナ店には限定メニューが多い。写真のハラペーニョ・ベーコン・フライドライス&エッグ($13.50)などパンケーキ以外もおすすめ。

🏠 92-1047 Olani St. Kapolei
📞 312-3447　⏰ 6:00〜20:00
CLOSE なし

## 4
### Four Seasons Resort O'ahu at Ko Olina
フォーシーズンズ・リゾート・オアフ・アット・コオリナ
→ MAP P195-D1

**オアフ島最高級リゾート**

プールサイドの「ウォーターマン」や、ビーチフロントの「ミーナズ・フィッシュハウス」でのランチは最高の贅沢。セレクトショップ「カプリス」と「ウィリウィリ」をのぞくのもお忘れなく。

🏠 92-1001 Olani St.　📞 679-0079
🌐 fourseasons.com/jp/oahu/experiences/hawaii-by-four-seasons

ひとりごと　木〜月のディナー営業のみだけど、フォーシーズンズの「ノエ」も超おすすめ。ANAのファーストクラス機内食も手がける実力派。マイ・ベスト・イタリアン！

# 1 Starbucks (Manoa Valley)
スターバックス・マノアバレー店
→ MAP P205-D2

### 虹がかかる緑のスタバ

店内は通常のスタバだが、緑の壁面が映えるため人気の写真スポットに。マノアは「虹の谷」とも呼ばれており、スタバの後ろに虹がかかることも珍しくない。

🏠 2902 E Manoa Rd. ☎ 988-9295 ⏰ 4:30～21:00（金～19:00、土5:00～21:00、日5:00～20:00）CLOSE なし

## Walking in MANOA
マノア

ワイキキから車で15分ほどなのに、断然降水量が多いエリア。緑が濃いため、街全体が生き生きして見えます。地図上4番から北に30分ほど歩くと、マノア・フォールズ（→P.50）の入り口もあり、足腰に自信のある人なら「朝ごはん→トレッキング→昼ごはん」も悪くないマノアの過ごし方。この街の象徴的存在、モーニング・グラス・コーヒーは僕も毎回立ち寄ります。

### ワイキキからのアクセス

**🚗 レンタカー**
アラワイ運河を渡り、Kapiolani Blvd.を右折したあと、University Ave.を左折してマノア方面に進む。約15分。

**🚌 ザ・バス**
クヒオ通りからアラモアナ方面に2番バスに乗り、「Kalakaua Ave. + S King St.」で下車。「St King St. + Punahou St.」のバス停まで歩き（徒歩1分）、6番に乗り換えて「E Manoa Rd. + Opp Huapala St.」で下車。この6番はアラモアナセンターからも乗車可能。ほかにアラモアナセンターから5番に乗り「Oahu Ave. + 2925」で下りる行き方も。約35～45分。

こちらも寄り道！

## 2 Off The Hook Poke Market
オフ・ザ・フック・ポケ・マーケット
→ P117

## 3 Morning Glass Coffee + Café
モーニング・グラス・コーヒー＋カフェ
→ P87

ひとりごと ハワイ大学ブックストア近くの学食は誰でも利用可能。緑豊かな構内の景色を眺めながら、ハワイ大学1年生気分を満喫できます

## 4 Waioli Kitchen & Bake Shop
ワイオリ・キッチン&ベイク・ショップ
→ MAP P205-C2

あのティールームが復活

元は孤児や女性の教育の場として建てられた施設。雰囲気ある店内の壁の写真は当時のもの パンケーキやバターたっぷりのスコーンなど何を食べても美味！

🏠 2950 Manoa Rd.
📞 744-1619
🕐 7:30〜14:00
CLOSE 月

## 5 Fendu Boulangerie
フェンドゥ・ブーランジュリー
→ MAP P205-D2

ハワイで珍しいフレンチベーカリー

シェフはフォーシーズンズ・ラナイ出身。デニッシュやクロワッサンはフランス人の友達も絶賛したおいしさ。午後には品切れし始めるので早めに行こう。

🏠 マノア・マーケットプレイス内, 2752 Woodlawn Dr.Suite 5-119
📞 988-4310　🕐 7:30〜19:00（日〜15:00）　CLOSE なし

## UH Manoa Bookstore
ハワイ大学マノア校ブックストア
→ MAP P199-A2

ここでしか買えない大学グッズ

チャンピオンやアンダーアーマーとのコラボグッズのほか、ロゴ入りのステーショナリー、赤ちゃんのよだれ掛けまで（手広い！）。充実のラインアップ。

🏠 2465 Campus Rd.　🕐 7:45〜18:00
（金〜16:30、土9:00〜12:30）　CLOSE 日

レインボーの教会が見えたらもうすぐ！

University Avenue Baptist Church

例えばマイタイバー。刻々とピンク色が変化する夕暮れ時が贅沢タイム。日没後ではもったいない。

# Eat

## 贅沢を最大化する食事テク

物価の高いハワイでは、「贅沢を最大化」することが毎食を楽しむコツ。例えば、その店の名物メニューをきちんと注文する、ハッピーアワーを活用する、店内のベストポジションに座ることなどで、同じ店・予算であっても、より贅沢に感じることが可能となる。そのために大事なのは、やはり下調べ。店選びで失敗しないのはもはや当たり前。ここで紹介するのは、あなたの食事をもっと贅沢にするためのテクニックだ。

これは贅沢なビールだね！

ママズフライドライス
$14.40

バターたっぷりのいわゆる炒飯。ハイカロリーだが、食べ始めたら止まらないおいしさ

ほろほろのコンビーフや付け合わせのポテトがボリューム満点。ガッツリ食べたい人向け

コンビーフ・ブリスケット・エッグベネディクト
$18

チキン・ベジ・オムレツ
$17.50

アスパラやほうれん草、トマトなどをふんだんに使ったヘルシー料理。鳥もムネ肉を使用

濃厚な生クリームを使用したマンゴークリームソースがけ。甘さの中にも酸味を感じます

パンケーキ
$14

ストロベリー・アサイ・スムージー
$8.50

ベシャメルソースから食欲そそる白トリュフが香る、絶品クロックマダム。チーズも3種類使用

クロックマダム
$15

*Must Eat Breakfast*

## 必食の朝食。
## 2大人気カフェのTop5

ざっくり分類するとボガーツはガッツリ系で、アーヴォはヘルシー系。必食メニューを5つずつ厳選したので、初めての人はここから気分に合った一品をセレクトしてみて。いつも混んでいますが、でき

### Bogart's Cafe
ボガーツ・カフェ
→ MAP P198-C5

**何を食べても感動。
朝食の超王道**

ロコやサーファー御用達のカフェ。一番人気はアサイボウル(→P83)ですが、それだけでおなかいっぱいになるので僕はアサイスムージーにして、だいたい上記の中からもう1品頼みます。

3045 Monsarrat Ave. 739-0999
7:00〜15:00、17:30〜21:00 CLOSE なし

078

Eat

2大人気カフェ

エッグサラダトースト
(スモークサーモンのせ)
$11

ローカルエッグにケッパーやディルが隠し味。シンプルながら素材のよさも感じるメニュー

アボカドの上に、たっぷりルッコラとチェリートマト、フェタチーズをトッピング

アボカドトースト
(ポーチドエッグのせ)
$9

ホームメイド・ココナッツヨーグルト・チア
$13

乳製品は使わず、ココナッツから作った自家製ヨーグルト。さっぱりとしてデザートみたい

キュウリやアボカド、マイクログリーンなどのミックスサラダ。肉はグラスフェッド牛を使用。

オーガニックハウスサラダ
(ミートボール添え)
$15

自家製リコッタチーズの上にベリー類、オーガニックハニーをトッピングした軽めの一品

ラベンダーラテ
$4.50

リコッタトースト
$7

## Arvo
アーヴォ

→ MAP P203-C3

### 「映え」だけじゃない、実力派カフェ

トーストやラテの美しさに目が行きがちですが、自家製＆ヘルシーにこだわった料理はどれも感動するおいしさ。ちなみに「Arvo」とはオーストラリアのスラングで「Afternoon」の意。健康的な朝食をいただきよい午後を迎えましょう！

ソルト1階、324 Coral St.
537-2021　7:30～17:00
(土8:30～、日8:30～16:00)　CLOSE なし

ればテラス席を確保し、ハワイの太陽と風を感じながら食べたほうが、より贅沢な朝ごはんとして思い出に残るはず。2店舗ともワイキキから少し離れているけど、絶対に予定に組み込むべきお店です！

ひとりごと　ボガーツは気になるメニューが多過ぎて困る！　カルビ・リブアイが入った「パパズキムチフライドライス($15)」とか、誰か感想聞かせてほしい(笑)

*Life is Better At The Beach*

## ビーチで朝食、最高の贅沢

ハワイに来たら、一度はビーチの目の前で朝食を。ワイキキではほとんどがホテルのレストランになりますが、当然ビジターでも利用可能。遠慮なく使いこなしてください。P77でも書いたように、できるならベスポジをおさえたいので、こだわる人は早めに行くか、席をリクエストして空くまで待つべし。ただ、もし希望の席が取れなくても大丈夫。波音を聴きながらの朝食自体、最高の贅沢ですから。

### The Veranda
ザ・ベランダ
→ MAP P201-B3

#### 白亜の宮殿で食べる朝ごはん

テラスの一番奥、2席だけのテーブルがビーチ前の特等席。それか、室内に入って、海が見える窓際席も人気。もちろん、テラスからバニヤンツリーを眺めるだけでも最高に贅沢な雰囲気です。アラカルトではザ・モアナ・マンゴー・パンケーキ($23)がおすすめ。

モアナ サーフライダー ウェスティン リゾート & スパ1階　921-4600　6:00〜10:30、11:30〜14:30　CLOSE なし

### Surf Lanai
サーフ ラナイ
→ MAP P201-C3

#### 朝からピンクでいい目覚め

お気に入りはエッグ・ベネディクト($23)とピンクパレス・パンケーキ($20)。ビュッフェ($42、6〜12歳$22)を頼んでも、どちらかひとつ選べる。ビュッフェ台から離れるが、やはりここではダイヤモンドヘッドが見えるテラスに陣取りましょう。

ロイヤル ハワイアン ラグジュアリー コレクション リゾート1階　921-4500　6:30〜11:00、11:30〜14:00　CLOSE なし

ビュッフェ客でもメインが選べる。厨房からのできたてがうれしい

和洋食を豊富に取り揃えた朝食ビュッフェは$40(6〜12歳$18)

Eat ビーチで朝食

フルーツとクリスピーココナッツがのったトロピカル・パンケーキ（$16）

## Hula Grill
フラ・グリル
→ MAP P201-B3

### 意外に少ないワイキキの2階席

ビーチ側に面したテーブルが圧倒的におすすめ。ワイキキビーチのはるか沖まで絶景が続く。ビュッフェでなくアラカルト形式で、写真奥のアボカドトーストは$12と、ホテルレストランの朝食にしてはかなりリーズナブル！

アウトリガー・ワイキキ・ビーチ・リゾート1階　923-4852
6:30〜22:00　CLOSE なし

サーモン入りのキング・ベーグルは$10。ピクニック用にTo Goもあり

## Barefoot Beach Cafe
ベアフット・ビーチ・カフェ
→ MAP P200-D6

### 特等席のカジュアルカフェ

カピオラニ公園のビーチ側にはいくつかお店があり、見える景色は一緒ですが、ここが一番カジュアル。朝食メニューは14時まで。毎晩17:30〜20:30は無料ライブを開催。最高にお得＆贅沢なサンセットが楽しめます。

2699 Kalakaua Ave.　924-2233　7:00〜20:30　CLOSE なし

081　ひとりごと　右の2軒は高級だけど、料理も雰囲気も素晴らしく、値段も納得。左の2軒はカジュアルなぶん、リーズナブルに楽しめる。景色はどこも最高、うまく使い分けて！

(右下)グラノーラも自家製にこだわったマックナッツ・ボウル($13.25)(左)ダウンタウンの店舗。行く前に必ずインスタチェックを!

## This Is The Best!
## 厳選アサイボウル!

ハワイで絶対食べたいメニューのひとつ。実はアサイはブラジル原産ですが、リオで食べたものよりハワイのほうが断然おいしかった(笑)。余談はさておき、食物繊維がごぼうの約3倍、鉄分がほうれん草の約4倍、カルシウムやポリフェノールも豊富に含まれるアサイは、まさにヘルシーフード。はちみつたっぷりで1個食べると結構なカロリーな気もしますが、不思議と罪悪感はありません。

### Well+Proper
ウェル+プロパー
→ MAP P203-B1

#### 気まぐれに開く「幻のアサイ」

ハワイ在住コーディネーターさんに「ここがダントツ」と教えてもらったアサイボウル。Aグレードアサイのみを使用しており、その濃厚さ&滑らかさは衝撃。営業日が不規則で、インスタのストーリーズで直前に告知する。

🏠 918 Smith St. ☎ 319-7544 🕐 週に2日程度。インスタで確認を 🌐 www.instagram.com/well_n_proper

### Tropical Tribe
トロピカル・トライブ
→ MAP P199-D2

#### ワイキキで食べるならココ!

ブラジル原産アサイとガラナベリーで作られたトロピカル・トライブ・ボウル(写真$8.30)がいち押し。カカオニブやピーナッツバターをのせたパワー・トッピング(+$1.25)も人気。ハワイアン・ボウルではないので注意!

🏠 1778 Ala Moana Blvd. ☎ 366-8226
🕐 7:00〜18:00 CLOSE なし

ディスカバリー・ベイ・センターの地下、通りから見えづらいところにあります。駐車場の入り口は裏のKaio'o Dr.側、30分$1です

082

Eat
アサイボウル

## Nalu Health Bar & Café Ward
ナル・ヘルス・バー＆カフェ・ワード店
→ MAP P202-C5

### カイルアの人気店が
### ワードにできてラッキー

定番はナル・ボウル($10.45)。濃い紫色をしたアサイは見た目に違いない濃厚さで、自然な甘さは天然ベリーシロップによるもの。安っぽいシャバシャバ感は一切なし！

🏠 サウス・ショア・マーケット, 1170 Auahi St. ☎ 597-8871 🕐 9:00～20:00（金土～21:00、日～18:00） CLOSE なし

## Da Cove Health Bar & Café
ダ・コーブ・ヘルス・バー＆カフェ
→ MAP P198-C5

### アサイボウルを
### ハワイに広めた店

オーガニックハニーとビーポーレン（蜂花粉）たっぷりのマナ・ボウル($10.50)はマイ殿堂入りメニュー。ボガーツと同じ並びで、サーフィン帰りのお客さんで賑わう。

🏠 3045 Monsarrat Ave. ☎ 732-8744 🕐 月・金9:00～19:00（火水木～21:00、土日8:00～19:00） CLOSE なし

## Island Vintage Coffee
アイランド・ヴィンテージ・コーヒー
→ P117

### 定番アサイ以外も
### トライする価値あり！

濃厚なアーモンドバターと爽やかなアサイの組み合わせが絶妙なカカオ・モアナ・ボウル($10.45)も変化球でおすすめ。使用しているグラノーラはおみやげに買えます。

## Bogart's Cafe
ボガーツ・カフェ
→ P78

### おなかいっぱいになるボリューム系アサイ

ワンサイズのアサイボウルは$13。紫のアサイが見えないほどバナナやイチゴ、ブルーベリーがてんこ盛り。ほかに頼みたいメニューが多過ぎる(→P78)のが難点。

## Indie Girl
インディ・ガール
→ MAP P201-B3

### パイナップルを器にして登場

マウイ・ゴールドのパイナップルがフォトジェニックなアサイボウルは$14.99。ほかにもサラダやトースト、スムージーなど、ヘルシー系のメニューが多い。

🏠 インターナショナル・マーケット・プレイス1階 ☎ 377-4402 🕐 8:00～22:00 CLOSE なし

083 ひとりごと いち押しの「ウェル＋プロパー」だけど、今後営業スタイルが変わる可能性あり。常にインスタグラムで最新情報をチェックして！

## 最高級ホテルの朝食

*Heaven On Earth...*

世界の独立系ラグジュアリーホテルだけが加盟できる「ザ・リーディングホテルズ・オブ・ザ・ワールド」。ハワイで参加しているのは、このホテル2軒のみ！ 世界でも指折りホテルでいただく朝食は、控えめに言っても最高です。オーキッズは水着・ビーチサンダルNGなどのドレスコードあり。どうせなら男性は襟付き、女性はリゾートワンピなど、おしゃれに手を抜かないのがここでの朝食をより楽しむコツかと思います。

### ハレクラニの
# Orchids
オーキッズ
→ MAP P201-C2

### この空気の違いこそが
### "ハレクラニの格式"

一歩足を踏み入れただけで感じる凛とした雰囲気。レストランを利用するだけでハレクラニというホテルのホスピタリティを感じます。日曜はビュッフェ形式のサンデーブランチ一択なので、おなかをすかせて来ないともったいない！

🏨 ハレクラニ1階 ☎ 923-2311 🕐 月〜土7:30〜11:00（朝食）、11:30〜14:00（ランチ）、15:00〜16:30（アフタヌーンティー）、17:30〜21:30（ディナー）、日9:00〜14:30（サンデーブランチ）、17:30〜21:30（ディナー）　CLOSE なし ※日曜はサンデーブランチ（ビュッフェ形式）のみ（$76、5〜12歳$34）

（上）スモークサーモンがのったスコティッシュ・ベネディクト（$19）。上品なお味のフレンチトースト（→P111）もおすすめ（下）ワイキキの中心部とは思えない静けさ

084

最高級ホテルの朝食

## ザ・カハラ・ホテル&リゾートの
# Plumeria Beach House
プルメリア ビーチ ハウス
→ MAP P196-B6

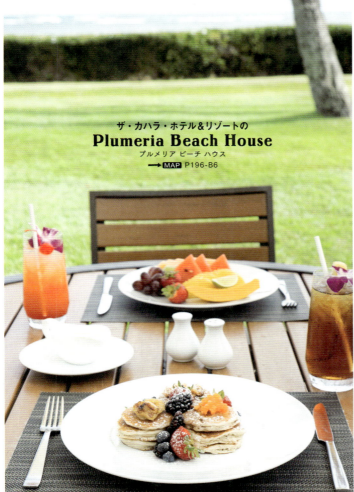

(左上)レインボー・パンケーキ(手前、$24)とカットフルーツの盛り合わせ(奥、$12)(右上)目の前はカハラビーチ(右下)アワード「ハレアイナ賞2019」でベストブランチ&ビュッフェ金賞をW受賞

### カハラホテルが誇るビーチレストラン

朝食はビュッフェ($45、6〜12歳$21)形式も選択可。人気のシン(薄焼き)パンケーキやカハラサダも含まれお得。ほかに水曜昼のカレービュッフェ、金土夜のシーフードビュッフェなど、バラエティに富んだメニューが魅力です。

🏨 ザ・カハラ・ホテル&リゾート1階 📞 739-8760 🕐 6:30〜22:00 ※朝食は〜11:00(週末ビュッフェは〜12:00) CLOSE なし

085 ひとりごと オーキッド、プルメリア、どちらもハワイを代表する花の名前。立地、お味、サービス、そしてネーミングさえも素晴らしい2軒です

# I'm a Coffeeholic
## わざわざ飲みに行く価値のあるコーヒー

コーヒーがおいしい旅先って素敵だなと思うのですが、ハワイも確実にそのひとつ。ここ数年で抽出や焙煎にこだわる店が増え、カフェカルチャーが発達。加えて、もともとハワイはアメリカで唯一のコーヒー生産地でもあり、地産地消で楽しめる世界でも珍しい場所なのです。甘い香りと酸味が特徴のコナコーヒーが代表ですが、僕が好きなのはカウ。酸味が少なく、まろやかで飲みやすいです。

### Bean About Town
ビーン・アバウト・タウン
**MAP** P198-A5

#### フランス人オーナーが仕掛けるニューフェイス

ロンドンに7店舗を出店後、2018年カイムキにオープン。コロンビアなどの南米産シングルオリジンのほか、西海岸のビスポークンやフォーバレルなど、超人気ロースターの豆を使用。ハワイで世界のコーヒーが味わえます。

🏠 3538 Waialae Ave.
☎ 673-8400  🕐 7:00〜15:00（土〜16:00、日〜13:00）
CLOSE なし

（上）シングルオリジンの豆を使ったプアオーバー（$4.70）（右）12時間かけて水出ししたコールド・ブリュー（$4.20）も人気

### Honolulu Coffee Experience Center
ホノルル・コーヒー・エクスペリエンス・センター
**MAP** P204-B2

#### 巨大ロースタリーを構えたコーヒー博物館

「ホノルルコーヒー」の体験型施設。展示スペースでは、コナコーヒーの歴史や文化、収穫から焙煎までの過程も学べます。また施設内にはベーカリースペースも。100%コナコーヒーと、できたてのクロワッサンを楽しんで。

🏠 1800 Kalakaua Ave.  ☎ 202-2562
🕐 6:00〜18:00  CLOSE なし

コンセプトは「ファーム・トゥ・カップ」。特別においしく感じます

わざわざ飲みに行くコーヒー

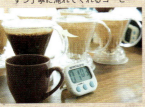

クレバードリッパーを使い、1杯ずつ丁寧に淹れてくれるコーヒー

## Morning Glass Coffee + Café
モーニング・グラス・コーヒー＋カフェ
➡ MAP P200-D2

### 豆と淹れ方でコーヒーはここまでおいしくなる

3分30秒。これはモーニング・グラスがドリッパー内でコーヒーを蒸らす時間。このひと手間が極限まで豆のおいしさを引き出します。ほかに、挽いてから10日以上たった豆は使わないなど、店独自の厳しいルールがあります。

🏠 2955 E Manoa Rd. 📞 673-0065 🕐 7:00〜16:00（土7:30〜16:00、日7:30〜12:30）CLOSE なし

ブルーベリーやストロベリーのスコーンはコーヒーと相性抜群（各$2.75）

## ワイキキでコーヒーブレイクするなら

### Kai Coffee Hawaii Alohilani
カイ・コーヒー・ハワイ アロヒラニ店
➡ MAP P200-B5

#### ワイキキで本格的なハワイアンコーヒー

「ホノルルコーヒー」の元生産責任者、サムさんが立ち上げたコーヒーショップ。シグネチャーはマカダミアナッツ・フレーバーの「カイ・ラテ（$6）」。またこちらでは自家製サンドイッチやクレープメニューも楽しめます。

🏠 アロヒラニ・リゾート・ワイキキ・ビーチ1階 📞 926-1131 🕐 6:00〜22:00 CLOSE なし

### Hawaiian Aroma Caffe Ohana East
ハワイアン・アロマ・カフェ オハナ・イースト店
➡ MAP P201-A3

#### 精密過ぎるラテアートが話題！

ワイキキに4店舗ありますが、バリスタ兼オーナーのバービーさんのラテアート（$25、→P208にも掲載）が頼めるのはここだけ。運がよければ店頭にいますが、事前にインスタ（@barbarista_art）で確認するのがベター。

🏠 オハナ・ワイキキ・イースト by アウトリガー2階 📞 256-2602 🕐 6:00〜18:00 CLOSE なし

ひとりごと いち押しはモーニング・グラス。あのスターバックス創業メンバーのひとり、エリック・ローズさんが開いた店。もはや伝説の域にあるカフェです

オープンと同時に混み始めます。週末は予約必須

厨房の活気が伝わるオープンなカウンター

オーナーは日系でウナギやモチなど和の食材を巧みに使用。「その組み合わせで来たか！」と毎回驚かされます

ウナギ＆バターフィッシュ アランチー $15

クラ・ストロベリー・シェイブアイス $12

バーボン・サワー・パンチ $5

アヒポケ $26

モチ・クルステッド・コナ・カンパチ $40

## Must Eat Lunch & Dinner
## 味も、コスパも、ハワイらしさも最高な2軒

グルメに関してもワイキキを抜け出すと、たくさんの新発見が待ち受けています。ここで紹介する2店は、オーシャンビューじゃないぶん料理のクオリティで勝負。どちら

### MW Restaurant
エムダブリュー・レストラン
→ MAP P202-B6

**あのオバマ元大統領が訪れたこともある！**

シェフのWadeとパティシエのMichele、オーナー夫妻の頭文字を取って「MW」と命名。ふたりともパシフィックリムの名店「アラン・ウォンズ」の出身だけあって、ハワイの食材と各国の味覚をミックスした独創性が売り。

🍴 1538 Kapiolani Blvd. 📞 955-6505
🕐 月～木10:30～21:00（金～22:00、土16:00～22:00、日16:00～21:00） CLOSE なし

上下のフォークでMWを表現した粋なロゴ！

Eat
最高な2軒

ここはいつ行っても店員さんの笑顔が素敵！　　シートの生地はアパレルブランド「ケアロピコ」

ハーブ・グリルド・チキン&アボカドサラダ $18

ポケ $16

デイリー・サステナブル・フィッシュ $19

各皿ともボリュームたっぷりで、ハッピーアワー（→P122）の設定もある、コスパ最高レベルのレストラン。座席数が多く、大人数で使いやすいのもうれしい

## Merriman's
メリマンズ
→ MAP P202-C4

### 1988年から"地産地消"を提唱

ハワイ島の名店が2018年、ついにオープン。オーナーのメリマン氏が手がけたのは、コオリナの「モンキーポッド」、カカアコの「モク・キッチン」、ここが3店舗目ですが、自らの名を冠しただけあり、料理も内装もより本格派。

1108 Auahi St.　215-0022
11:00〜21:00（金土〜21:30）
CLOSE なし

も現在進行形で挑戦を続ける「リージョナル・キュイジーヌ」の代表格で、タロイモやロコモコとは異なる新ハワイ料理です。ローカルのグルメ通に交じって開拓する楽しみを覚えたら、ハワイの「食」はますます楽しくなります！

ひとりごと　パシフィック・リムとリージョナル・キュイジーヌはどちらも同意語。ハワイ地産の食材をベースに各国のエッセンスが混じった独自の料理のこと

# Salt At Our Kakaako
## 話題のお店はいつもソルトから

「おなかが減ったけど、何食べよう」。そんな漠然とした空腹時、僕はソルトに向かいます。もはやアラモアナセンターと並んで、訪れるべき商業施設のひとつ。特に飲食店の充実はハワイ随一で、P79で紹介したアーヴォを筆頭に、話題のお店がずらり。また周辺のカカアコの倉庫を散策すれば、ウォールアートや人気のスーパー「ダウン・トゥ・アース」（↓P156）などもあって、半日は十分楽しめます。

## Salt at Our Kakaako
ソルト・アット・アワー・カカアコ
➡ MAP P203-C3

### 今やハワイの流行発信地！
看板の裏に書かれた「PA' AKAI」とは、ハワイ語で「塩」の意。かつてここに塩田があった歴史から、「ソルト」と名づけられたそう（粋！）。訪れるたびにイケてる新店がオープンしていて、常にワクワクさせてくれる場所。

🏠 691 Auahi St.   🌐 saltatkakaako.com

＼こちらのお店も必ずチェック！／
アーヴォ ➡ P79
バタフライ・アイスクリーム ➡ P113

（左上）2階建て構造の敷地に50近いテナントが入った一大施設
（上）平面と立体、駐車スペースが多くレンタカー派には助かる

## Butcher & Bird
ブッチャー＆バード
➡ MAP 203-C3

### 肉屋の本気グルメを堪能あれ
オーナーで精肉職人のチャックさんは、アラモアナの「ビンテージ・ケーブ」などの高級店で働いた経歴の持ち主。最上級の肉と料理を知り尽くしたプロが作る、本気のホットドッグやハンバーガー（→P109）は必食。

🏠 ソルト2階   📞 762-8095
🕐 11:00～20:00（日11:00～15:00）   CLOSE なし

（左）熟成肉のステーキや自家製ソーセージなど、BBQ好きには垂涎三尺のラインアップ（右上）付け合わせのザワークラフトやキムチもホームメイド（下）ケチャップ＆マスタードたっぷりで召し上がれ

Eat 話題の店はソルトから

(右)カウンター内の画面にその日飲めるタップビールが表示される
(下)ソルト内の飲食店で購入したフードであれば持ち込みが可能

## Village Bottle Shop & Tasting Room
ヴィレッジ・ボトル・ショップ＆テイスティング・ルーム
→ MAP P203-C3

### 缶ビールの品揃え数は随一

バー併設のビール専門店。世界中から500本以上のレアな缶ビールと、18種類のタップビール(さらにワインも8種類)を揃える。HPの「What's On Tap」ではリアルタイムに銘柄と残量までチェックできて面白いです。

ソルト1階　369-0688
11:00～21:00(木～土～23:00)　CLOSE なし

## Moku Kitchen
モク・キッチン
→ MAP P203-C3

### メリマンズのシェフが監修

P89で紹介したメリマン氏の料理がリーズナブルに食べられる。ほとんどのメニューが$20以下と、コスパは抜群。さらに毎日15～17時半と22～23時、二部制のハッピーアワーを実施。ピザが$10、小皿料理は半額です。

ソルト1階　591-6658
11:00～23:00　CLOSE なし

(上)ソルトで一番大きいレストランですが、いつも大勢の客で混雑 (左)毎週月曜以外、16時と19時から店内でライブ演奏があります

\\ セレクトショップでお買い物も忘れず！//

### Here.
ヒア
→ MAP P203-C3

### オシャレ女子から支持率高し

店内スペースを贅沢に使ったハイセンスなセレクトショップ。シンプルで着心地のよい「街でも着られるリゾートウェア」をコンセプトにしています。

ソルト1階　369-2991
10:00～18:00(日～17:00)　CLOSE なし

### Urban Island Society
アーバン・アイランド・ソサエティ
→ MAP P203-C3

### シンプルな Tシャツを探しに

人気はオリジナルのTシャツやキャップ(ユニセックス)と、ティキーズのサンダル。店内でコットンキャンディー(綿飴)も販売。

ソルト1階　非公開　11:00～18:00(日～17:00)　CLOSE なし

ひとりごと　扱いが小さくなっちゃったけど「ヒア」は本当におしゃれ。CA発の「Ozma」やバイロン・ベイの「St. Angi」などブランドのセレクトもいい！

## 2 Rangoon Burmese Kitchen
ラングーン・バーミーズ・キッチン
→ MAP P203-B2

### 期待以上のミャンマー料理

熱狂的ファンの多い「ダゴン」の2号店。ミャンマー料理は意外と日本人の口にも合うので、だまされたと思って食べてみてほしい。安い、うまい、ヘルシー。

🏠 1131 Nuuanu Ave. 📞 367-0645
🕐 11:00〜14:00、17:00〜22:00 CLOSE 日

ティーリーフサラダ（一番下、$14）はマストオーダー。カレーも絶品

（上）タイ北部料理のカレーヌードル、カオ・ソーイもメニュー外（$15）（左）シェフのオパールさん。クセが強いけどめっちゃいい人

話題の店なので予約は必須

## 1 Opal Thai
オパール・タイ
→ MAP P203-B1

### この本の取材で一番衝撃を受けた店

「好きなタイ料理は？」「パクチーや辛いのは平気？」などの質問に答えると、シェフがおまかせで作ってくれる。メニューもあるが、全然聞いてくれない（笑）。飲んでもひとり$30程度。

🏠 1030 Smith St. 📞 381-8091
🕐 17:00〜23:30（日〜21:30）CLOSE 月

## Downtown
## ハワイの胃袋ダウンタウン。この5店はハズせない！

看板はおろかメニューすらない店や、珍しいエスニック料理など、冒険気分が味わえる街。実はハワイ屈指のグルメタウンであり、この5店以外にも名店は数知れず。またロベルタ・オークス（→P141）やシグ・オン・スミス（→P166）などイケてる洋服屋も多く、個人的には大好きなのですが、ホームレスが多くあまり雰囲気が良くないのも事実（特にリバー通りあたり）。目的地を把握して、迷わず移動しましょう。

### 移動のヒント

**🚐 レンタカー**
Ala Moana Blvd.で空港方面へ進み、Smith St.を右折。約15分。路上の駐車スペースが埋まっている場合が多いが、有料の駐車場も多数ある。

**🚌 ザ・バス**
クヒオ通りからアラモアナ方面へ2、13番に乗り「N Hotel St. + Smith St.」で下車、もしくは19、20、42番に乗り「N Beretania St. + Opp Smith St.」で下車、いずれも約30分。

**🚋 トロリー**
「ワイキキトロリー・レッドライン」がダウンタウンまで運行。ただ観光スポットをいくつも周遊するため、直行したい場合には向かない。

ひとりごと　ジャンルが違い過ぎるけど、このなかでいち押しは「オパール・タイ」。おまかせで頼んだ料理が毎回大当たり。外れるまで通いたい（笑）

Eat ハワイの胃袋ダウンタウン

トッピングのレアステーキは別皿に盛るかスープに入れるかを選ぶ

## 4 senia
セニア
→ MAP P203-B1

### カリスマシェフが夢の共演

NYの3つ星店「パ・セ」で出会ったクリス・カジオカとアンソニーによる本格創作料理。もしハワイにミシュランがあれば、確実に星を獲得(私見ですが)。要予約。

🏠 75 N King St. ☎ 200-5412 🕐 火〜金 11:00〜14:00、17:30〜21:30（月・土 17:30〜21:30） CLOSE 日

おつまみにシャルキュトリーの盛り合わせ($18)。お酒が進む！

## 5 Pho To-Chau Vietnamese Restaurant
フォー・トー・チャウ・ベトナミーズ・レストラン
→ MAP P203-B1

### サービスは不愛想だがスープは優しい

ダウンタウンでおそらく一番行列ができているレストラン。名物フォーはMサイズで$9.99、XLでも$10.99。トッピングは14パターン、どの組み合わせでも値段は均一。

🏠 1007 River St. ☎ 533-4549 🕐 9:30〜14:30（金・土9:30〜） CLOSE なし

ハワイのグルメシーンを変えたと称される、美しいプレゼンテーション

## 3 The Tchin Tchin! Bar
ザ・チン・チン・バー
→ MAP P203-B1

### 看板のない隠れワインバー

女性と行くのになかなか抵抗のある店名ですが、階段を上った先には完全にデート向けな空間が。カウンター、ソファ席、ルーフトップ、店内はどこも最高のムード。

🏠 39 N Hotel St. ☎ 528-1888 🕐 17:00〜24:00 CLOSE 日月

名物ホールチキンは$28.95。
黄色唐辛子を使ったソースは
ペルー料理を代表する味

# Ethnic Food

## 安いのに、ハイレベル！
## それがハワイのエスニック

すでにダウンタウンでも数軒紹介しましたが、ハワイは"人種のるつぼ"ゆえ、本格エスニックが多数存在します。しかも、だいたいがリーズナブルなので、ハワイ渡航のたびに何かしら必ず1回は食べに行っている気がします（ほとんどはユッチャンですが笑）。最初は「ハワイでエスニックなんて」と思っていたし、それが普通ですが、ある日圧倒的なコスパのよさに気づき、ハマってしまいました。

ペルー料理

### Limon Rotisserie
リモン・ロティサリー
→ MAP P195-D3

#### 実は日本人に合うペルーの味

魚介、米、野菜を使うペルー料理は日本人にもなじみやすい味。植民地時代にスペインの食文化にも影響を受けたため、パエリヤやセビーチェなどもあります。サンフランシスコをはじめ、西海岸に数店舗展開する実力派の店です。

カ・マカナ・アリイ内、91-5341 Kapolei Pkwy. Kapolei　670-2646　11:30〜21:00（金土〜22:00）CLOSE なし

ベトナム料理

### Bac Nam
バクナム
→ MAP P202-B4

#### 蟹カレーは殿堂入りのうまさ

ハワイで蟹カレーといえば一番有名なのは「マイラン」ですが、蟹の殻を剥くのが面倒な僕はこちらへ（笑）。バクナムのシェフ、キミーさんはマイランにいたこともあり、味は似た系統。お酒は持ち込みのBYOBスタイル。

1117 S King St.　597-8251　11:00〜14:30、17:00〜21:00　CLOSE 日

名物の蟹カレー（レギュラーサイズ$29.95）は相当なボリューム。ふたりならこれより小さいスモールサイズで十分

ベトナム料理

## Pho Tri Vietnamese Restaurant
フォー・トリ・ベトナミーズ・レストラン
➡ MAP P202-A5

### 毎週土曜日は2杯目がお得！

一番人気はやはりフォー（$9.99）。僕はがっつり「ビーフ・コンビネーション」をオーダー。ヘルシー派には「豆腐＆ベジタブル」もあります。お値段は一緒。店員さん曰く、サマーロール（生春巻き）もおすすめとのこと。

🏠 1307 Kalakaua Ave.　📞 953-2279
🕐 10:30〜14:30、水〜月17:30〜21:30
CLOSE 火曜のディナー

土曜の「2杯目25％オフ」。いやらしい僕は「3杯目は何％オフですか？」と聞いたら、偶数杯目のみ25％オフとのこと……

＼ こちらのエスニックも必ずチェック！ ／

タイ料理のオパール・タイ ➡ P92
ミャンマー料理のラングーン・バーミーズ・キッチン ➡ P92
ベトナム料理のフォー・トー・チャウ・レストラン ➡ P93
韓国料理のトップド・ワイキキ ➡ P105

韓国料理

## Yu Chun Korean Restaurant
ユッチャン・コリアン・レストラン
➡ MAP P202-C4

### 六本木に支店ができても関係なし

決して安くないし、日本にも2号店があるのに、ハワイに来たら必ずここの冷麺とカルビが食べたくなる不思議。僕の周りのハワイ好きは、みんなユッチャン好き。おばちゃんたちのクールなサービスもいとおしく感じます。

🏠 1159 Kapiolani Blvd.
📞 589-0022
🕐 11:00〜22:00
CLOSE なし

冷麺とカルビのセット（1人前、$33.99）と海鮮チヂミ（$24.99）

# ローカル食堂におじゃまします！

ここで紹介している3店があるのは、全部カリヒという工場エリア。観光地ではなく、そこで生活を営むロコたちの大切なお店なので、僕はいつも「おじゃまします」という気持ちで行くようにしています。どこも$20以下で済みますが、レイズのプライムリブと、エセルズのタタキ、カム・ボウルのオックステールスープ、この3つは僕にとって間違いなく「贅沢グルメ」です。

ノースキング通りにある店舗。名前はカフェですが中身は完全に食堂

## They Know A Good Place!

### Ray's Café
レイズ・カフェ
→ MAP P197-C1

**限定プライムリブは星5つ！**

絶対に「プライムリブ（$18.50）」を頼んでください。コショウのみの味つけですが最高に美味。1時間じっくりオーブンで焼くため、金〜月曜のみの数量限定販売。何度か売り切れを経験した僕は、事前に電話確認します（笑）。

2033 N King St. ☎ 841-2771 ⏰ 6:00〜19:00（日〜14:30） CLOSE なし

イリカイホテルの厨房で長年勤務していたオーナーのフィリックスさん。この値段でプライムリブを提供してくれる心意気に感謝

Eat ローカル食堂

(上)1978年にオープン。現在はオーナーの娘ミナカさんと、婿でシェフのロバートさんが店を支える (右上)ホームメイドのロコモコ定食($11.95)、味噌汁とサラダ、ドリンクがついてこの値段

## Ethel's Grill
エセルズ・グリル
→ MAP P197-D1

### B級食堂なのに
### ハレアイナ賞で金賞

周辺で働くロコのため、8時に店をオープン。朝から仕事前に立ち寄り、持ち帰りして行く客が後を絶ちません。人気はモチコチキン定食($10.95)とタタキ刺身($9.95)。職場の近くにこんな食堂、欲しくないですか？

🏠 232 Kalihi St. 📞 847-6467
🕐 火～土8:00～14:00 CLOSE 日月

## Kam Bowl Restaurant
カム・ボウル・レストラン
→ MAP P197-C1

### オックステールスープの元祖！

元祖カピオラニ・コーヒー・ショップの系譜を継いだ朝日グリルのオーナーの元奥様がオープン。もともとこの地にあったケニーズ・レストランも人気ダイナーで、ここにはオールドロコのさまざまな思い出が詰まっています。

🏠 カメハメハ・ショッピング・センター内、1620 N School St.
📞 841-0931 🕐 7:00～22:00(土日6:30～) CLOSE なし

スープもいいけど僕はオックステールラーメン($12.95)を注文

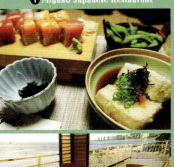

❶ Miyako Japanese Restaurant

# 「ハワイで日本食ってどうよ？」

「ハワイでどうなの、それ？」という素朴な疑問にお答えするコラム。
一発目は「和食」についてです。せっかくハワイに来たのだから、
日本食レストランは避けたいという気持ちもわかります。
しかし、僕の考えでは「ハワイは世界で一番、和食がおいしいリゾート地」。
アジアやブラジルのなんちゃって日本食には散々泣かされてきましたが、
ハワイの和食は本物（笑）。どうせ行くならこんなところを選んだので、
「和食ありかも！」と思ったら無理せずに出かけてみてくださいね。

### どうせ行くならこんなところ！

- 絶景カバナロケーション
- 東京や大阪に未出店のお店
- 地元食材と和食がコラボ
- ローカル日本人に人気の店
- 安い！（NYやパリと比べて）

まず僕が大好きなのがニューオータニ・カイマナ・ビーチ・ホテルの2階にある❶「ミヤコ・ジャパニーズ・レストラン」。枝豆（$5）や揚げ出し豆腐（$7）など、味も値段もほっとするメニューが揃っています。ちなみに、僕のおすすめは寿司握りの盛り合わせ（$35）と銀ダラ味噌焼き（$34）です。このレストランで狙うべきは、3テーブルしかない屋外カバナ席。ワイキキビーチを一望できるルーフテラスにあり、絶景なのにチャージは不要。（一人当たり最低$30利用が条件。飲み物代除く）。隣のテーブルとの仕切りもあるので半個室のように使えます。年配のご家族にも、このロケーションで和食はとても喜んでもらえると思います。予約は1ヵ月前から可能。日本語でも電話対応してくれます。サンセットの時間（→P31）を計算して、少し早めの時間に予約を入れましょう。

「和食は日本に帰ってから食べればいいでしょ」、そんなことを言う方にカウンターパンチ代わりに食らわせたいのが❷「とんかつ玉藤」です。日本で10店舗を展開するとんかつ専門店で、お店があるのはすべて北海道。つまり、日本でも簡単に食べられません（北海道の方、例外ですいません）。昭和27年創業の老舗店が、2017年に初めて道外に出店したのがこのホノルル店。契約農家から仕入れた熟成豚肉に、パン工場に特注

❷ Tonkatsu Tamafuji

❷ Tonkatsu Tamafuji
とんかつ玉藤
→ MAP P198-C4

449 Kapahulu Ave.　9922-1212
月・水～金16:00～21:30（土日11:00～14:00、17:00～21:30）　CLOSE 火

❶ Miyako Japanese Restaurant
ミヤコ・ジャパニーズ・レストラン
→ MAP P198-D5

ニューオータニ・カイマナビーチ・ホテル2階　921-7077　水～日17:30～21:00　CLOSE 火

# ハワイで日本食

❸ Zigu

❹ Yakitori Hachibei

❺ Waikiki Yokocho

しているパン粉をまぶし、植物油でサクっと揚げた熟成ロースかつ定食（180g、$21）は超絶品です。オープン前から大行列しているロコたちは、もしかしたら日本人以上にとんかつをわかっているのかもしれません。

ワイキキのシーサイド通りにある❸「ジグ」も外せません。地元喰いと書いてジグ、つまり"その土地のものを喰らう"創作和食料理店。ヤシの新芽の天ぷら（$11）やハワイ産フラモチコ（$12）、カウアイ島産ワサビシュリン

プ（$16・50）、ローカルケールざるうどん（$12）など、ハワイの食材と和食のユニークなコラボレーションを毎回楽しみに飲みに行きます（結構飲んだとしても価格も良心的！）。毎週火曜日には、お得な「ダッサイ・チューズデー」を開催していて、日本酒の獺祭がグラス$5、カラフェ$15で楽しめちゃいます。お次はダウンタウンにある

❹「焼とりの八兵衛」。ハワイ在住の日本人に、おすすめ和食店を聞くと必ず名前があがるお店。僕も現地の方に連れて行ってもらったのですが、容器に入った特選チキンラーメン（$10・90）で締めるのもお約束です。

普段は予約も困難とのこと。店内は日本人とローカル両方で混み合い、食べる前から「あ、この店はおいしい！」と確信しました（笑）。本店は九州にあり、博多っ子が焼島といえば、豚バラだそう。なので、まずは豚バラの串（$3・90）からお試しを。もちろん鶏肉にもこだわり、抗生物質を一切使わずに育てられたルドビコ・ファームのチキンを使った四つ身（$4・20）や砂ずり（$3・90）などハワイならでは食店が名を連ねます。写真の金子半之助の海老天丼・味噌汁付きは$15・50。ラーメンもだいたい$15以下から注文可能。日本と比べたら少々高いですが、「海外にしては安いなぁ、パリだったら€35、NYだったら$30かなぁ」な

ど、どうでもよい比較をしながら、そのありがたさを痛感していただいています（笑）以上、僕のおすすめ和食レストランのご紹介でした。やっぱり日本のご飯はおいしい！

❺「ワイキキ横丁」定番ですが、僕も結構お世話になっています。日本橋の天丼の人気店、金子半之助や、大阪の名物串カツ店「串カツ田中」、新橋発の濃厚とんこつラーメン「パリオ」など、日本でも人気の和食店が名を連ねます。写真の金子半之助の海老天丼・味噌汁付きは$15・50。最後には、とびきりかわいい

最後はワイキキのど真ん中にある和食フードコート、

---

### ❺ Waikiki Yokocho
ワイキキ横丁
→ MAP P201-B2
🏠 2250 Kalakaua Ave. 📞 926-8093 🕐 11:00〜24:00 CLOSE なし

### ❹ Yakitori Hachibei
焼とりの八兵衛
→ MAP P203-B1
🏠 20 N Hotel St. 📞 369-0088 🕐 17:00〜22:00（日〜21:30）CLOSE 月

### ❸ Zigu
ジグ
→ MAP P201-A2
🏠 #1F, 413 Seaside Ave. 📞 212-9252 🕐 16:00〜25:00 CLOSE なし

ひとりごと　アラモアナセンターのシロキヤ・ジャパン・ビレッジ・ウォークも、ラーメンや丼など日本食が充実しています

## Cafe Julia
カフェ・ジュリア
→ MAP P203-B2

### 時を超えて愛されるコロニアル建築

1920年代に活躍した著名建築家、ジュリア・モーガンの代表作。コロニアル様式の建物はハワイ随一の美しさで、どこかの宮殿で食事をしているのかと錯覚してしまいそう。テラス席もありますが、ここは珍しく屋内を選びたいところ。

🏠 1040 Richards St. 📞 533-3334 🕐 月〜金11:00〜14:00 CLOSE 土日

オフィス街にあるとは思えない、趣ある空間

（上）人気メニューのロブスター・ロール$25（中央）まるで教会のように厳かな回廊（下）YWCAのメンバーが使えるプールも

オーシャンビューだけがハワイの贅沢ロケーションとは限りません。ここで紹介するカフェ・ジュリアとホノルル美術館カフェは、どちらもホ

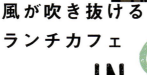

Feel Sooo Gooood!!! #1

風が吹き抜ける
ランチカフェ

# IN HONOLULU

100

風が吹き抜けるランチカフェ

（上）穴場のようでいつも混雑。予約がベター（右下）ランチメニューはサンドイッチやサラダなどヘルシー系なラインアップ（中・左下）中庭やモザイクが美しい館内

## Honolulu Museum of Art Café
ホノルル美術館カフェ
→ MAP P202-A4

### 回廊を進むアプローチに胸躍る

いい意味でハワイらしくない空間。回廊や中庭はまるでスペインやモロッコにいるかのよう。美術館の入場料は$20ですが、カフェ利用の旨を伝えると無料で入場可。作品鑑賞はできませんが、建物の雰囲気は楽しめます。

ホノルル美術館内, 900 S. Beretania St. 532-8734
火〜日11:00〜14:00 CLOSE 月

ノルル市内のエレガントな建物内にあり、ハワイの優しい風がそっと通り抜ける開放的なランチスポット。「まるでヨーロッパにいるみたい」はちょっと言い過ぎだけど、異国情緒はたっぷり。雰囲気がいいと食事も2割増しでおいしく感じるから不思議です。

ひとりごと　もちろんホノルル美術館の鑑賞もおすすめ。モネやゴッホ、ゴーギャンの作品も所蔵し、見応えは十分。代表作には日本語の説明もあり

観葉植物に囲まれ庭園のような雰囲気

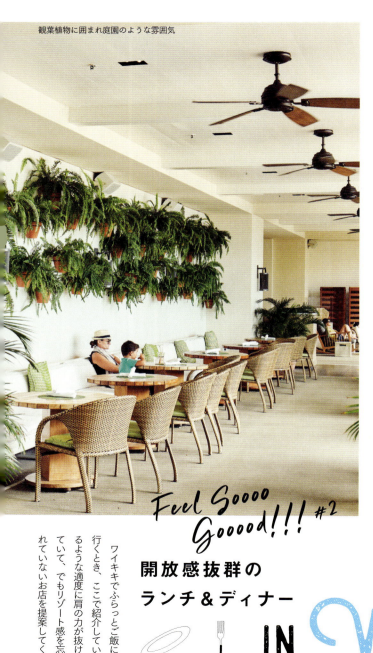

# The Grove Restaurant & Bar
ザ・グローブ・レストラン&バー
→ MAP P199-D1

### モダン・ホノルルの
### プールサイドレストラン

入った瞬間からいい香りのするホテル、モダン・ホノルルのダイニング。前菜のシュリンプ・カクテル($16)、メインのザ・グローブ・バーガー($19)、デザートのシュー・スタック($12)など、バリエーションに富んだメニュー。

🏨 ザ モダン ホノルル バイ ダイヤモンド リゾーツ内 📞 943-5800（ホテル代表）
🕐 7:00～21:30 CLOSE なし

サンライズプールとその先のヨットハーバーを望む、リゾート感満点の眺め

*Feel Soooo Goooood!!! #2*

開放感抜群の
ランチ&ディナー

ワイキキでふらっとご飯に行くとき、ここで紹介しているような適度に肩の力が抜けていて、でもリゾート感を忘れていないお店を提案してく

IN WAIKIKI

102

Eat ランチ&ディナー

## Tommy Bahama Restaurant Bar & Store
トミー・バハマ・レストラン・バー＆ストア
MAP P201-B1

### リゾートブランドの世界観に浸る

素敵なお店はほとんどがホテルダイニングというワイキキで、ここはアパレル店が経営する珍しいレストラン。ハワイ産ビーフを使ったロコモコ（$26）やデザート（→P114）など、どれもボリューミーでしっかりおいしい。

298 Beach Walk
923-8785
11:00～22:00（金土～23:00）
CLOSE なし

大きく開放された窓からの風が心地よい。これぞリゾート。トミーバハマの服も欲しくなる

## Deck.
デック
MAP P200-B6

### ダイヤモンドヘッドに手が届きそうな特等席

ワイキキの東端に位置するため、カピオラニ公園の緑とその先のダイヤモンドヘッドが目の前。タコのグリル（$20）など一部メニューは日本人料理長が手がけており、どれも繊細で美味。プリ・フィックスメニュー（$48）もお得な内容。

クイーン カピオラニ ホテル3階
931-4488  6:30～23:00（金土～24:00、日～22:00）
CLOSE なし

この景色、ご覧あれ。オーシャンビューを見慣れているリピーターほど、この眺めに感動するはず

## Rumfire
ラムファイヤー
MAP P201-B2

### 深夜まで使える万能レストラン

ティッカマサラカレー（写真右奥、$16）やキムチ炒飯（$12）、枝豆（$8）など、高級ホテルのダイニングながら気取らないメニューが好き。ハッピーアワー（→P122）やクラブナイト（→P134）もあり、よくお世話になる1軒。

シェラトン・ワイキキ1階  922-4522  11:30～23:30（最終着席）（金土～25:00） CLOSE なし

ロケーションのよさがとにかく目立つが、食事もおいしく、しかも意外とリーズナブル

れる人って、ハワイ慣れしているなぁと感じます。高層ビルの多いワイキキでは、ビーチフロント以外で開放感あるレストランを見つけるのは意外と難しいんです。ちなみにどこも広々としているので、子供が少しくらい泣いたり騒いだりしても大丈夫です。

103　ひとりごと　トミー・バハマ3階のルーフトップバーの一角には砂が敷き詰められ、まるで砂浜で飲んでいる気分。ハワイのビーチは飲酒禁止なのでこれは貴重！

# Table For One
## おひとり様も入りやすい、ワイキキのサク飯

## DEAN & DELUCA
ディーン＆デルーカ
→ MAP P201-B2

**人気ファームの食材にこだわる**

有名レストランも御用達のマリーズ・ガーデンの野菜を使ったラップサンド($7.95)や、ピーターソン養鶏場の卵を使ったサンドイッチ($4.95)など、手軽さの中にも"ハワイらしさ"を感じられるのがいち押しの理由。

🏠 ロイヤル・ハワイアン・センターB館1階
☎ 492-1015　🕒 7:00〜22:00　CLOSE なし

最近、女性誌などでよく見かける「おひとり様ハワイ」特集。そういえば、僕も取材合間のご飯はだいたいひとり(笑)。ここでは実際に自分がひとりで通っているお店を紹介します。どこもワイキキで

## Topped Waikiki
トップド・ワイキキ
→ MAP P201-A2

### ワイキキでは奇跡の価格帯

クヒオ通りにオープンした韓国料理店。カルビ・ビビンバ（写真上、$11）、醤油チキン丼（$7.5）など、この量でこの値段にはびっくり。こぎれいな店内にはカウンターもあり、取材当日もおひとり様をたくさん見かけました。

🏠 2229 Kuhio Ave. 📞 600-9911 🕒 10:30〜22:00（火日17:00〜、金土〜25:00）CLOSE なし

サクっと入りやすく、しかもちゃんとおいしい！（↑これ大事）ちなみに、ワイキキで働いている日本人の方もよくひとりで食べているので、ハワイでひとり飯って全然珍しいことではないですよ。

ひとりごと 2019年末からディーン＆デルーカ・リッツ・カールトン・ワイキキ店（→P137）2階でも、ブランチ営業をスタート。こちらもひとり飯におすすめ

## Table For One
### おひとり様も入りやすい ワイキキのサク飯

## Island Vintage Wine Bar
アイランド・ヴィンテージ・ワイン・バー
➡ MAP P201-B2

### サク飯も、サク飲みもできるワインバー

大ぶりのエビを使ったガーリック・シュリンプ($18.95)はにんにくバターが香り、辛口の白ワインをオーダーしたくなるおいしさ。ワインはプリペイドカードをディスペンサーに差し、セルフサービスで注ぐスタイル。

🏠 ロイヤル・ハワイアン・センターC館2階
📞 799-9463  🕐 7:00〜22:00  CLOSE なし

## Halekulani Bakery & Restaurant
ハレクラニ・ベーカリー&レストラン
➡ MAP P201-C2

### ハレクラニのパン屋が新登場！

2019年末にオープンし、いきなりハワイのマイベストパン屋に。ヘッド・ベーカーを務めるのは、日本の帝国ホテルから来た金城氏。テイクアウトもアリだけど、クロワッサン生地のパンは必ず当日サクサクのを購入して！

🏠 ハレプナ ワイキキ バイ ハレクラニ内, 2233 Helumoa Rd.
📞 931-6674  🕐 6:30〜20:30（ベーカリーは〜18:30）  CLOSE なし

ひとりごと ハレクラニ・ベーカリーのパイナップル・ココナッツ・カフィア・クロワッサン（写真上、$5.50）。かわいさ以上に、おいしくてびっくり！

Eat
ワイキキのサク飯

### Royal Hawaiian Bakery
ロイヤル ハワイアン ベーカリー
➡ MAP P201-C3

### 中庭を見渡しながら
### 優雅なコーヒータイムを

ロイヤル ハワイアン ホテルの中庭に面したココナッツ・ラナイで営業。もともと宿泊者特典だったバナナナッツ・ブレッドも購入可能に。バナナ・マカダミアナッツ・マフィン（$2.50）もおすすめ。おやつにいいサイズ。

🍴 ロイヤル ハワイアン ラグジュアリー コレクション リゾート1階 ☎ 923-7311 🕘 7:00～16:00 CLOSE なし

### ABCストア38号店
➡ MAP P201-C2

### 好みの野菜を選んでブツ切りに

ABCの38号店はデリコーナーが充実。野菜不足の旅行中にうれしいチョップドサラダ（Sサイズ$8.99）や、食べたいぶんだけ量り売りで買えるアヒポケなど、ひとりご飯の強い味方。ただしイートインではなく、持ち帰りのみ。

🍴 205 Lewers St. ☎ 926-1811
🕘 6:30～24:00（デリコーナーは～22:00） CLOSE なし

# MY FAVORITE AMERICAN FOOD
## in Hawaii

## Steak

ハワイはアメリカ50番目の州。この島の食文化を語る際、当然アメリカンフードは欠かせません。なかでもステーキは、彼らにとって"ハレの日"のごちそう。ここでは、肉にうるさいアメリカ人がこよなく愛するお店と、そこでの僕のおすすめを紹介します。旅の"とっておきご飯"にはやっぱりステーキが似合う！

### Prime Tomahawk...$109.95
**Ya-Ya's Chophouse & Seafood**
ヤヤズ・チョップハウス＆シーフード
→ P126

**プライム肉をリーズナブルに**

カカアコのヤヤズでは、1kgを超える斧のような骨つき肉トマホークがおすすめ。最高級グレードの肉が、ほか有名ステーキハウスよりも＄20〜30安く食べられます。ヒマラヤンソルトとポン酢ベースのソースも日本人好みの味。

### Ribeye Steak ...$60
**MW Restaurant**
エムダブリュー・レストラン
→ P88

カリスマシェフが真空調理した熟成肉

パシフィック・リムの名店として紹介したMWですが、ここのステーキが実は絶品。ウェットエイジング法で21日間熟成されたナチュラルステーキを、ローストガーリックバターで焼き上げ、パリッと揚げたケールをトッピング。ファンには知られた人気メニューです。

### Ribeye Steak ...$63
**Ruth's Chris Steak House Waikiki**
ルースズ・クリス・ステーキハウス・ワイキキ店
→ MAP P201-C2

熱々に溶けたバターでシンプルに召し上がれ

ワイキキで1、2を争う人気ステーキハウス。ここのリブアイはもちろんUSDAプライム。サシと赤みのバランスがよく、約450gあっても僕ひとりでペロリと食べられます。ダウンタウン店もあり、そちらの雰囲気も素敵です。

🏠 ワイキキ・ビーチ・ウォーク2階、226 Lewers St. 📞 440-7910 🕐 16:30〜22:00 CLOSE なし

### Filet and Foie Gras ...$75
**Hy's Steak House**
ハイズ・ステーキ・ハウス
→ MAP P200-A4

ハワイで一番いい雰囲気！古き良きステーキハウス

格式ある店内は、これぞアメリカの高級ステーキハウスな趣。キアヴェの炭で焼くポーターハウス（＄125）やプライムリブ（＄55）とも迷ったあげく、フォアグラのせのフィレを紹介。全部おいしいのでお好きなものを（笑）。

🏠 2440 Kuhio Ave. 📞 922-5555 🕐 17:00〜22:00 CLOSE なし

Illustration by Takashi Fujii

ステーキ&バーガー

アメリカ人のソウルフード、ハンバーガー。和牛を使ったグルメバーガーから、ワゴン販売で人気のカジュアルバーガーまで（だけど絶品！）、実に奥深いジャンルです。なかにはハンバーガーの値段じゃないものもありますが、スピーディに食べられるファストフードには違いないので、観光や買い物で忙しいときの強い味方です。

## HAWAIIAN BBQ BURGER ...$9.99

**Burger Hale**
バーガー・ハレ
→ MAP P201-A3

### MWのシェフがプロデュース

ここでも登場、MW。おすすめのハワイアンBBQは、パテの上にカルアピッグやピクルス、フライドオニオンがのった豪華な一品。焼きチェダーチーズがパリパリで絶妙なアクセントに。場所もワイキキ中心で便利です。

デュークス・レーン・マーケット&イータリー内、2255 Kuhio Ave.
377-4402
11:30～22:00
CLOSE なし

## WAGYU BURGER ...$13.15

**Burgers On Bishop**
バーガーズ・オン・ビショップ
→ MAP P203-C2

### 移転するも、その味は変わらず！

突如クローズした人気店「バーガー&シングス」がダウンタウンで復活。一番人気の和牛バーガーは、軟らか&ジューシーなパテ、粒入りマスタードソース、トッピングのマッシュルーム&オニオン、すべてが完璧に調和！

745 Fort St.
586-2000
月～木
8:00～15:00
(金～20:00)
CLOSE 土日

## DOUBLE CHEESE BURGER ...$16

**Butcher & Bird**
ブッチャー&バード
→ P90

### 肉屋ならではの超ジューシーパテ

王道のダブルチーズバーガーを、精肉店が本気で作るとここまでおいしくなるのだと感激。肉のうま味がしっかり詰まったジューシーなパテは食べ応え十分。他はチェダー、レタス、トマト、マヨとシンプル。肉で勝負の一品！

## 50'S BURGER ...$9

**Chubbies Burgers**
チャビーズ・バーガーズ
→ MAP P202-C4

### フードワゴンを侮るなかれ！

50'sバーガーは、1950年代に流行ったスマッシュバーガーを再現。グラスフェッドビーフのパテを鉄板に押し当て、外はカリッ、中はジュワッを実現。シグネチャーのソースがまた絶品で、止められなければ3個はイケます。

960 Auahi St.
291-7867
10:30～21:00
CLOSE なし

ひとりごと　とりあえずどれかひとつ選べと言われても難しいのですが、僕が実際に行った回数で多いのはルーズズ・クリスとチャビーズ・バーガーズです

# PIZZA

イタリア生まれのピザですが、イギリスのある調査会社によると、アメリカ人の4人に3人は月に最低1度はピザを食べるほど、この国でメジャーなグルメに定着。ワイキキの街のなかからスーパーのデリコーナー、デリバリーまで、星の数ほどあるピザ屋。そんなピザ激戦区で、日本人の舌にも合うおすすめの2軒を紹介します。

## MY FAVORITE AMERICAN FOOD
*in Hawaii*

### Prosciutto
...$21

**Appetito Craft Pizza & Wine Bar**
アペティート・クラフト ピザ＆ワインバー
MAP P201-A3

キアヴェが香るクラフトピザ

人気イタリアン「タオルミーナ」の姉妹店。よりカジュアルな雰囲気ですが、ハワイ産のキアヴェ薪釜で焼き上げたピザの味は本格派。ピザメニューで一番人気のプロシュートは、イタリア産ルッコラと生ハムがたっぷり。

150 Ka'iulani Ave.
922-1150
7:00〜22:00
CLOSE なし

### Margherita
...$16

**Brick Fire Tavern**
ブリック・ファイア・タバーン
MAP P203-B2

オアフ島唯一「ナポリピザ」認定

生地は小麦粉、水、酵母、塩のみを使用。窯の床面にて直焼き、などいくつも厳しい条件がある「ナポリピザ認定」をクリア。カルアポークやパパイヤピューレを使ったモダンピザもうまいが、まずは王道マルゲリータを。

16 N Hotel St.
369-2444
11:00〜21:00
（金土〜22:00、日17:00〜）
CLOSE なし

---

フランス留学中にサンドイッチを散々食べたので「味にはうるさいよ」と言いたいところですが、アメリカのサンドイッチもパンや具材、調理法のバリエーションが豊かで、素直においしいと思います（笑）。よく行くのは、この2軒。軽食に思えて、意外とボリューミーなので、ふたりで1個をシェアでも十分と覚えておきましょう。

# SANDWICH

### BEER BRAISED BRISKET
...$12

**E.A.R.L Kaimuki**
アール・カイムキ店
MAP P198-A5

ハマるガッツリ系サンドイッチ

店名の由来は「Eat A Real Lunch」。ここで僕が毎回頼むのは、ビールで煮込んだバラ肉にチーズをたっぷりかけたこちら。肉汁から作ったソースにつけて食べるとおいしさ倍増。カカアコのソルト近くに2号店もできました。

1137 11th Ave.
200-4354
10:00〜16:00
CLOSE なし

### ITALIANO
...$10

**Machete's Mean Sandwiches**
マシェティーズ・ミーン・サンドイッチ
MAP P202-B6

絶品パン生地＆たっぷり具材

取材時にハワイのコーディネーター、マキ・コニクソンさんが教えてくれたグルメサンドイッチ店。自家製の食パンはホワイトか、小麦胚芽入りのウィートを選べます。僕が好きなのは、甘みがあってもちもちのホワイト。

1694 Kalakaua Ave.
922-2467
10:30〜19:00
（土日〜14:30）
CLOSE なし

# Toast

ここ最近、進化を感じるのがトースト料理。特にアボカドトースト（その発祥はオーストラリア、カリフォルニア、諸説ありますが）は各店凝ったトッピングでしのぎを削る一品。また、もともとパンケーキの対抗馬として注目を浴びたフレンチトーストも根強い人気で、朝ごはんの定番としてもトーストは無視できないメニューです。

## Avocado Toast with Egg ...$10.50

**Ars Cafe**
アース・カフェ
→ MAP P198-C5

味、雰囲気、どちらも大満足

アートギャラリーを併設、NYにありそうなしゃれた店構えのアース・カフェ。こちらのおすすめもアボカドトースト。ビーツやフェタチーズがトッピング、さらにたっぷりグリーンサラダが添えられた、ヘルシーなメニュー。

- 3116 Monsarrat Ave.
- 734-7897
- 6:30〜18:00（日8:00〜18:00）
- CLOSE なし

## Avocado Garden Toast ...$14

**Basalt**
バサルト
→ MAP P201-A3

見た目の美しさはダントツ！

ABCストアがプロデュースするデュークスレーンの人気レストラン、バサルト。チェリートマトやレッドラディッシュなど、鮮やかな野菜でまるでフラワーブーケのように飾られたアボカドトーストは唯一無二の美しさ。

- デュークス・レーン・マーケット＆イータリー内、2255 Kuhio Ave.
- 923-5689
- 7:00〜22:30
- CLOSE なし

## Haupia French Toast ...$14

**Orchids**
オーキッズ
→ P84

上品なココナッツミルク風味

ハウピアブレッドにプルンとした食感のココナッツが練り込まれたフレンチトースト。ハレクラニらしい、大変上品な味。メープルシロップ、生クリーム、ストロベリーコンポートが添えられ、さまざまな味つけが楽しめます。

## Nutella Toast ...$7

**Arvo**
アーヴォ
→ P79

コーヒーが進むスイーツ系トースト

ココア入りのヘーゼルナッツペーストが、バナナとイチゴで隠れるほど盛りだくさんのヌテラトーストは、おやつにぴったりです。アーヴォはオーストラリア系カフェだけあって、アボカドやエッグなどのトーストメニューも充実。

ひとりごと 2017年にロサンゼルスに取材に行った際にアボカドトーストが大ブームだったのですが、その流れがようやくハワイにも来ている印象！

ハワイといえばパンケーキ特集。これまで何十回とやってきましたが、僕のベストは常に変わらずブーツ＆キモズ（→P61）です。ここではその紹介は省いて、その次におすすめの4軒を紹介。ちなみに僕は、ふわとろスフレ系のパンケーキは苦手なので、もっちりホットケーキ系が中心になってしまいました。悪しからず！

# MY FAVORITE AMERICAN FOOD
### in Hawaii

## HAWAIIAN PANCAKE ...$15
### Koko Head Cafe
ココ・ヘッド・カフェ
➡ MAP P198-A5

ユニークなメニューが勢ぞろい

斬新なトッピングでロコに人気のカフェ。こちらのハワイアンスタイルは、フレッシュマンゴーの爽やかな味が口いっぱいに広がる正統派。他にベーコンをのせた黒胡椒メープルスタイルもあり。どちらも4段重ねで満腹に！

- 1145c 12th Ave.
- 732-8920
- 7:00～14:30
- CLOSE なし

## HOT PANCAKE ...$9.59
### Liliha Bakery 2nd Location
リリハ・ベーカリー2号店
➡ MAP P203-C1

シンプルでほっとする味

1950年創業、長年ロコに愛されるパンケーキは小細工なしのホイップバター＆シロップで。1号店（リリハ）や3号店（アラモアナ）もいいけど、空港からここに立ち寄っていただく朝食はハワイに帰ってきたことを実感します。

- 80 N Nimitz Hwy.
- 537-2488
- 6:00～22:00（金土～22:30）
- CLOSE なし

## LILIKOI PANCAKES ...$9.95
### Moke's Bread & Breakfast Kaimuki
モケズ・ブレッド＆ブレックファスト・カイムキ店
➡ MAP P198-A5

カイムキ店オープンで行きやすく

わざわざカイルアまで食べに行っていた朝ごはんの名店が、2019年カイムキにオープン。メニューも一緒です。リリコイ（パッションフルーツ）のクリームたっぷりの名物パンケーキは、いつどこで食べても安定のおいしさ！

- 1127 11th Ave.
- 367-0571
- 水～月 6:30～14:00
- CLOSE 火

## HONU FRUITS PANCAKE ...$16
### Cafe Morey's
カフェ・モーリーズ
➡ MAP P198-C5

ウミガメの姿に子供も大喜び！

楽天トラベルの吉田茜さんが考案した超絶キュートなパンケーキ。甲羅部分にはマンゴーやバナナなどが山盛り。生地にはヨーグルトやソイミルク、白玉粉などが使用され、軽やかな口当たりでペロリといけちゃいます！

- 3106 Monsarrat Ave.
- 200-1995
- 7:00～14:45
- CLOSE なし

# Ice Cream

ご存じ、アメリカ人の大好物アイスクリーム。かつては大味なイメージがあったのですが、最近は素材にこだわるグルメアイスが増えてきました。ナチュラル系からミルク濃厚系まで、ここでおすすめしているものでもそれぞれ特徴が違うので、ぜひ食べ比べてみてください。常夏ハワイでのクールダウンにアイスは欠かせません！

## *Double* ...$7.25
**Butterfly Ice Cream**
バタフライ・アイスクリーム
→ MAP P203-C3

### 自然派アイスはどれも優しいお味
抹茶や黒ゴマ、スタウト（ビール）、コハナラムなど、ユニークなフレーバーを常時14種類ほど用意。着色料不使用のため、色も素材本来の色。もちろん味も、優しくておいしい。夏限定のマンゴー味もぜひ試してみて！

ソルト1階, 324 Coral St. ☎ 429-4483
⏰ 12:00〜21:00（日〜17:00）CLOSE なし

## *Strawberry Dream Regular* ...$8
**Uncle Clay's House of Pure Aloha**
アンクル・クレイズ・ハウス・オブ・ピュア・アロハ
→ MAP P196-A6

### 名物クレイおじさんのアイス屋さん
特におすすめなのがここ。自然素材を使った優しい味のシェイブアイスで、フルーツやサトウキビのシロップも自家製＆天然です。アラモアナにも出店したけど、僕は名物おじさんに会える確率の高いアイナハイナ店へ。

アイナハイナ・ショッピングセンター内, 820 W Hind Dr.
☎ 762-8095 ⏰ 11:00〜20:00（日〜15:00）CLOSE なし

## *Strawberry Shortcake Regular* ...$7.25
**Sweet Creams**
スイート・クリームズ
→ MAP P202-B5

### ハンドメイドのロールアイス
冷やした鉄板の上に「オリジナルベース」という液体を広げて作るローリングアイス。東南アジアが発祥のようですが、ハワイでも人気沸騰中。さっぱり系アイスを紹介してきたけど、ここのお味はとても濃厚＆クリーミー！

1430 Kona St. ☎ 260-4725
⏰ 12:00〜21:00（金土〜22:00）CLOSE なし

## *Lilikoi and Milk Tea* (Keiki Size) ...$4
**Via Gelato**
ヴィア・ジェラート
→ MAP P198-A5

### デザートに立ち寄るのがロコの定番
カイムキでの夕食後、僕もよくここにデザート目的で食べに来ます。フレーバーは日替わり。だいたい置いてある「クッキー＆クリーム」を軸に、もうひとつはいつも冒険。ウェブの「Now Serving」で事前チェックも可。

1142 12th Ave. ☎ 732-2800
⏰ 11:00〜22:00（金土〜23:00）CLOSE なし

### Lady M @ Waikiki Tea
レディ・エム・アット・ワイキキ・ティー
→ MAP P201-B1

レディ・エムの
シグネチャー・
ミル・クレープ
$9

#### NYの大人気・ミル・クレープ
世界で65店舗以上展開するケーキブティック、レディ・エムのミル・クレープが食べられる店。地層のように重なったバニラ風味の生地は、なんと20枚以上。

🏠 234 Beach Walk ☎ 886-6000
🕐 11:00〜21:00 CLOSE なし

### Tommy Bahama Restaurant Bar & Store
トミー・バハマ・レストラン・バー&ストア
→ P103

トミー・バハマの
パイナップル・
クレームブリュレ
$13

#### レストランで一番注文が多い
器だけでなく、クリームの中にもパイナップルが。カスタードの甘さと果肉の酸味が仲よく閉じ込められ、キャラメリゼの鍵がかかった宝箱のようなスイーツ。

### cake M
ケーキ・エム
MAP P202-B5

ケーキ・エムの
マンゴー・
パンナコッタ
$5

#### ハワイで貴重、繊細なケーキ
ファーマーズマーケットで買い付けたマンゴーを使ったパンナコッタは、口の中で酸っぱいと甘いが行ったり来たり。マンゴーのない季節は苺のショートケーキを。

🏠 808 Sheridan St. #308 ☎ 722-5302
🕐 火〜土10:00〜18:00 CLOSE 日月

## Save Room For Sweets.
## 甘いものはもちろん**別腹**

最近はハワイもインスタ映えを狙ったスイーツであふれかえっていますが、今回は完全に「味だけ」で勝負。だって、どうせ太るなら、おいしいものので太りたいじゃないですか（笑）。見た目は地味でも、食べたら絶品。そんなスイーツを集めました。高級レストランのデザートからパン屋さんのスコーンまで、これが僕のベストナイン。しかし、スイーツを言葉で説明するって本当に難しいですね……。

甘いものは別腹

フェンドゥー・ブーランジュリーの
マンゴー・
スコーン
$1.30

## Fendu Boulangerie
フェンドゥー・ブーランジュリー
→P75

### ほんのり甘い
### 大人のスコーン

マノアの欧風パン屋のオリジナルスコーン。まるで南国の果実マンゴーが、1年間フランスに留学して帰ってきたかのよう。小ぶりなサイズ感もおやつに最適。

ウーバー・ファクトリーの
ウベ・タルト
$6
（ディーン＆
デルーカで購入）

### DEAN & DELUCA
ディーン＆デルーカ
→P104

### 日本に買って帰ったことも

僕の中では紫水晶よりも尊い、ウベ芋のタルト。冷やしても凍らせてもおいしい、最高のひと口スイーツ。当然ひと口では食べないで、細かくかじっていただきます。

MWレストランの
クラ・ストロベリー
シェイアイス
$12

## MW Restaurant
エムダブリュー・レストラン
→P88

### 中身は斬新でも、
### なぜか懐かしい味

シンプルに見えて、そこはアラン・ウォンズで活躍したパティシエの自信作。タピオカやモチアイス、イチゴ＆ユズのシャーベットが調和した新世界を楽しんで。

\\ こちらも超定番！ //

高橋果実店の
アイスクリーム
＆ソルベ
$6

### Henry's Place
高橋果実店
→MAP P201-B1

### 手作り＆フルーツたっぷり

1981年にオープン（僕と同い年！）の超有名店。悩みはフレーバーが多過ぎる点。冷凍庫を開けっ放しにしていると怒られるため、さらに選ぶのが難しい。

🏠 234 Beach Walk 📞 255-6323
🕐 8:30〜22:00  CLOSE なし

カメハメハ・ベーカリーの
ポイ・グレーズド
$1.15

### Kamehameha Bakery
カメハメハ・ベーカリー
→MAP P197-D1

### 黒いマラサダがやみつきに

いかつい外観の「褐色のマラサダ」。中の生地はタロイモペーストが練り込まれ、もちもちのふわふわ。レナーズのマラサダよりも自然な甘さで、僕は好み。

🏠 シティ・スクエア・ショッピング・センター内、1284 Kalani St. 📞 845-5831
🕐 2:00〜16:00（土日 3:00〜） CLOSE なし

テイスト・ティーの
タピオカ・
ミルクティー
$3.50
（Mサイズ）

### Taste Tea Kona St.
テイスト・ティー・コナストリート店
→MAP P202-B5

### タピ活ブームの先駆者

ミルクティーの甘さから、タピオカのサイズまでカスタマイズ可能な台湾式"バボティー"。ブームに踊ることなく、今日もアラモアナで淡々と営業中。

🏠 1430 Kona St. 📞 951-8288
🕐 11:00〜22:30（金土〜23:30）
CLOSE なし

ひとりごと 高橋果実店でよく買うのは、コナ・コーヒー・アイスクリームと、パイナップル・マンゴー・シャーベット。サンドイッチもおいしいです

# Poke とりあえずここのポケを食べてほしい！

ロコの定番ご飯でありながら、日本人の口にも合うポケ（「ポキ」と発音することも）。滞在中、ちょっと胃が疲れたときや、醤油味が恋しくなったときのために、おいしいポケ屋を知っておきましょう。ご飯にのせたポケ丼もいいけど、個人的にはポケだけ数種類買って、お酒のつまみにするのが最高に幸せです。ちなみに、だいたいどこのポケ屋もその日の仕込み分がなくなると売り切れなので注意。

**ポケとは？**
海鮮のブツ切りを醤油やごま油などの調味料で漬けた、ハワイのソウルフード。ちなみに、ハワイ語で「アヒ」はマグロのこと。

ずらりと並ぶポケの種類。店員さんにお願いすれば試食もできます

## Tamura's Fine Wine & Liquors
タムラズ・ファイン・ワイン＆リカーズ
→ MAP P198-A5

### 酒屋の奥に潜む絶品ポケ
新鮮なポケで大人気のタムラズ。初めての人は、スイート醤油とオイスターソースを混ぜたタムラズ・スペシャルを軸に考えよう。ポケ丼をテイクアウトするときは、ご飯がベチャッとならないよう、ポケと別パックにしよう。

🏠 3496 Waialae Ave.　📞 735-7100　🕐 9:30〜21:00（日〜20:00）※ポケの販売は10:30〜　CLOSE なし

タムラズの
チョイス・オブ・
アヒポキボウル
$12.99

タムラズ・スペシャル（オリジナル醤油）

ニンジャ（スパイシー＆スイート醤油）

ほかに海藻入りのリム、ククイナッツ入りのイナモナ、あとハマチも必食

ひとりごと　タムラズはワインの品揃えも豊富。ワイン講師の友達曰く、ポケに合うのはロゼか、ゲヴェルツトラミネールの白ワインだそう！

Eat ここのポケを食べてほしい！

## Off The Hook Poke Market
オフ・ザ・フック・ポケ・マーケット
→ MAP P205-D2

### マノアのニューフェイス
共同オーナーのひとりは日本人。なじみやすい味付けで、特にジンジャー味は衝撃のおいしさ。2018年の開店以来、ここを「ベストポケ」に挙げる人が多いのも納得。「ベストシーフードレストラン（イリマアワード）」にも選出。

- 2908 E Manoa Rd.
- 800-6865
- 月〜土11:00〜18:00　CLOSE 日

オフ・ザ・フックの
ポケサンプラー
$25

スパイシーアヒ / ショウユ / 味噌ジンジャータコ
ハワイアンスタイル / キラウエア・ファイヤー
ジンジャー / ワサビふりかけ / ジャパンデラックス

いろんな味を少しずつ試せるサンプラー。ふたりでつまむのにいいサイズ

オフ・ザ・フックの
アヒポケボウル
（レギュラー）
$13.49

ライスはほうれん草を混ぜた酢飯がおすすめ

### こちらも超定番！

**Foodland Farms Ala Moana**
フードランド・ファームズ・アラモアナ店
→ P118

フードランド・ファームズ・アラモアナ店
ポケボウル
（コンボ）
$9.99

#### スーパーのポケも侮れない
ロコの間では「フードランドのポケはおいしい」は常識。鮮度の高さと種類の豊富さで、ほかのスーパーを圧倒。ちなみにワイキキのコンビニ「コココーヴ」も同系列で、同じポケが購入できます。

**Ono Seafood**
オノ・シーフード
→ MAP P198-B4

オノ・シーフードの
ポケボウル
（ラージ）
$11

#### ジャスミン米でベタつかない
ベタつきがちなご飯に、パラパラのジャスミン米を使用。オノズ・シークレット醤油を使った醤油味と、トビコがアクセントのスパイシーが僕のおすすめ。

- 747 Kapahulu Ave.
- 732-4806
- 火〜土9:00〜18:00　CLOSE 日月

**Island Vintage Coffee**
アイランド・ヴィンテージ・コーヒー
→ MAP P201-B2

アイランド・ヴィンテージ・コーヒーの
醤油スパイシー・アヒポケボウル
$15.95

#### 知る人ぞ知る人気メニュー
アサイボウルで有名なカフェですが、ポケ丼も人気メニュー。五穀米の上にアボカドや韓国海苔がのったヘルシーな一品。お花まで飾られ、見た目も抜かりなし。

- ロイヤル・ハワイアン・センター C館2階
- 922-5662
- 6:00〜23:00（フードは6:30〜22:00）　CLOSE なし

117

これ全部で
**$80以下！**
(3〜4人分)

アヒポケ
ローカル・リブアイ・ステーキ
野菜のケバブ（串焼き）
チーズ入りソーセージ
アスパラのベーコン巻き

*Dad Is BBQ Master!*

(上)フードランドの精肉コーナー (中央・下)プリンス ワイキキ内のムリワイ・バーベキュー。宿泊先に施設がなくても方法はあり！

### フードランド活用術①
## ハワイでBBQにトライ

心地よい気候のもと、家族や仲間と気兼ねなくワイワイできるBBQは、ハワイでも究極に贅沢な時間のひとつ。USプライムの最上級のお肉はステーキハウスの半額以下で手に入るし、最近はおいしい缶のクラフトビールも増えていて、「おいしいものは食べたいけど、節約もしたい」というわがままをかなえてくれます。慣れてくると準備も簡単。ちなみに僕は3日連続でBBQしたこともあります（笑）。

### Foodland Farms Ala Moana
フードランド・ファームズ・アラモアナ店
→ MAP P202-C5

#### 観光客にも便利なロケーション

ワイキキにスーパーがない今（「フード・パントリー」は2021年まで閉店中）、アクセスが便利で、かつ品揃え抜群なのがこちら。BBQに必要な買い出しは、ここ1ヵ所ですべてOK。会員割引の申請はお忘れなく（→P167）。

アラモアナセンター 1階　949-5044
5:00〜23:00　CLOSE なし

Eat / BBQにトライ

## BBQ成功のための5か条

**1 BBQ施設のある宿にステイ**
宿泊先にBBQ施設がないとはじまらない。右下の4軒は、宿泊者であれば誰でも利用可能。一般的には、ホテルよりコンドミニアムやAirbnb(→P184)のほうが備わっている。

**2 調味料は日本から小袋を持参**
塩・コショウや醤油、わさびなどは、できれば日本から小袋のものを用意したい。もちろんスーパーでも買えるが、余計な出費になるし、サイズが大きいので絶対に使い切れない。

**3 キッチンの備品を事前にチェック**
買い出しに出かける前に、部屋にあるBBQに必要なものをチェック。特に、お皿、コップ、カトラリー、ハサミ、キッチンペーパー、トング、栓抜き。なければスーパーで買おう。

**4 買い出しはエンタメ、とことん楽しむ!**
時間や手間を惜しいと思っては、BBQは楽しめない。海外のスーパーで買い物するのも、貴重な経験。ハワイに生活している感覚で、BBQのためのすべての準備を楽しんで。

**5 パパや男性が率先して焼くべし!**
BBQのグリルはメンズの役割。ターンテーブルを操るDJのように、鉄板の上の食材を鮮やかに調理し、場を盛り上げていこう!調子にのって肉を焦がし過ぎないように気をつけて。

### BBQが可能な宿泊施設
☐ アストン・アット・ザ・ワイキキ・バニアン →P179
☐ ルアナ・ワイキキ・ホテル&スイーツ
☐ アクア・スカイライン・ホテル・アット・アイランド・コロニー
☐ アストン・ワイキキ・サンセット

ワイキキ・バニアンは特におすすめのコンド

骨付きケイジャンチキン

タコポケ

## ここは手ぶらでBBQが可能!

ホテルはすでに決まっていて、BBQ施設がなくても諦めるのはまだ早い。以下の2軒は、誰でも手ぶらで利用可能(ただし持ち込みは不可)。予算に応じて使い分けてみて!

### Muliwai BBQ Grill
ムリワイ バーベキュー グリル
MAP P202-C6

**ホテルのカバナで快適BBQ**
プリンス ワイキキの5階、2名分のリブアイBBQグリルセットは$110。詳細は「ムリワイBBQグリル」で検索!

🏠 プリンス ワイキキ内　☎ 956-1111(原則3日前までに予約)
🕐 11:00〜19:00 (LOは17:00)　休 なし
料金 3時間レンタル$75 (1時間延長につき$20)+BBQメニュー料金

### JP Cafe & Bar
JPカフェ&バー
MAP P200-A4

**リーズナブルなBBQプラン**
カフェテラスでのBBQパーティプラン。$29.80からコースがある。おすすめはリブアイ・ステーキが楽しめるデラックスコース($38)。

🏠 444 Kanekapolei St.　🕐 8:00〜14:00、18:00〜22:00　休 水

119 ひとりごと ブッチャー&バード(→P90)には、熟成肉のステーキや自家製ソーセージも売っているので、そこで買い出ししてもOK!

これ全部で **$60以下!** (3〜4人分)

Cheers!

チップス / フライドチキン / 枝豆 / スパムむすび / コブ・サラダ / かまぼこ

*Drinking at Hotel*

## フードランド活用術②
# こだわりの部屋飲み

なんとなく部屋で食事を済ませてしまうのはハワイでもよくあること。ただ、少しだけこだわって"ハワイならでは"の部屋飲みができれば、それもまた素敵な思い出に。ここではちょっとだけ、買い出しをしているお店や、こだわりのフード・お酒を紹介します。ラナイに出て、おつまみ片手にお酒を飲んでいるだけで多幸感を感じることができるのが、ハワイの素晴らしさだと思っています。

**Foodland Farms Ala Moana**
フードランド・ファームズ・アラモアナ店
→P118

フードランドの MYお気に入り！

1 マウイ・ワインのロケラニ（→P160）
2 ハワイアン・チップ・カンパニーのタロイモチップス
3 コナブリューイングの季節限定ゴールドクリフIPA
4 ワイキキ・ブリューイングのアロハ・スピリット・ブロンド
5 フードランドのPBブランドのワサビ・ピーズ
6 スペイン産だけどおすすめのトレス・トリュフ味

## もっとこだわるならここで買い出し！

部屋飲みの準備はフードランドだけでも十分揃うし、最寄りのABCストアでももちろんいいのですが、マニアックにこだわりたいって人のためにこちらも案内しておきます！

こだわりの部屋飲み

### Village Bottle Shop & Tasting Room
ヴィレッジ・ボトル・ショップ＆テイスティング・ルーム
→P91

**見たことのない
ハワイ産ビールを**

カカアコのホノルル・ビアワークスや、ハワイ島のオラ・ブリューなど、ハワイを代表する地ビールメーカーがずらり。ジャケのかわいい缶ビールはおみやげにもおすすめ。

瓶ビールは$10.99〜25.99、12オンス(350ml)の缶ビールは$3。もちろん1本ずつ購入可

### Tamura's Fine Wine & Liquors
タムラズ・ファイン・ワイン＆リカーズ
→P116

**ポケで紹介したが
ワインの数もすごい**

ここで買いたいのはワイン。アメリカだけあって、カリフォルニアやオレゴン産は、日本で買うよりずっと安い。ピノ・ノワールやメルローなど、品種別に分かれていて選びやすい。

ここまで来たら部屋飲みのつまみにガーリックアサリやホタテ、エビなどのポケも買っていこう

### Whole Foods Market Queen
ホールフーズ・マーケット・クイーン店
→P154

**デリコーナーの
ラインアップが充実**

サラダ総菜だけでなく、オリーブの実だけ集めた専用のバーや、ピザやタコス、丼ものやお寿司まで、部屋に持ち帰り可能なフードがとにかく充実。デザートも忘れずに。

上からBBQ味コーンスナック、塩味控えめのピスタチオ、ゴーダチーズのスナック。ここではグルテンフリーのヘルシーなお菓子を買おう

総菜は量り売り。クイーン店は肉の種類も多い

121　ひとりごと　ワイキキ・ブリューイングの「アロハ・スピリット・ブロンド」は癖がなくて本当に飲みやすい！IPA好きは「スキニー・ジーンズ」を！

# Happy Hour ハッピーアワー早わかり

僕は普段、そこまで積極的にハッピーアワーは使いません。プライベートでは14～17時頃はワイキキの外にいるし、取材で来たときはまだ仕事中だからです(笑)。しかし、そんな僕でも愛用しているのが、5時間半という長いハッピーアワーのウルフギャングと、21時以降レイトナイト・ハッピーアワーを設けているワイオル。この2店は、味やメニュー数も申し分なし。他店の時間もメニューを一覧にまとめたのでご活用あれ！

ニューヨーク・サーロイン12オンスにマッシュポテトやクリームド・スピナッチが付いて$49.95！おつまみも$8～12とお得

## Wolfgang's Steakhouse
ウルフギャング・ステーキハウス
→ MAP P201-B2

### そもそも珍しいランチステーキ

高級ステーキハウスが昼営業をしているのはここだけ。約340gのサーロインがセットで$50以下、破格です。夜は夜でとても混み合うので、僕は事前にカラカウア通り沿いの窓際(「Window on Kalakaua Ave.」)を予約します。

🏢 ロイヤル・ハワイアン・センター C館3階
☎ 922-3600
🕐 11:00 ～ 22:30
CLOSE なし

有名ステーキハウスも
ハッピープライス！
Happy Hour
11:00-16:30

| 17:00 | 18:00 | 19:00 | 20:00 | 21:00 | 22:00 | 23:00 | 24:00 | | メニュー例 |
|---|---|---|---|---|---|---|---|---|---|
| (土日16:00～17:00) バーカウンターはプラス1時間 | | | | | | | | | ビール・ワインなど各種$5、カルアピッグ・グラタン$5、アヒ・タルタル$7 |
| | | | | | | | | | グラスフェッド・チーズバーガー$9、オーガニック・タロ・ハムス$7 |
| | | | | | | | | | ドラフトビール$5、ミモザ$7(午前)、ハウスワイン$7(午後) |
| | | | | | | | | | ビール$5、カクテル$8～10、ワイン$7～9、スモールプレート$10 |
| 16:00～18:00 | | | | | | | | | ハイネケン$5、マルゲリータ$9、ホットドッグ・オン・ザ・デック$9 |
| | | | | | | | | | ビール$6、ガーリックフレンチフライ$5、キムチフライドライス$7、 |
| | | | | | | | | | エンパナダス$6、クバーノ・サンドイッチ$9、ビール・ワイン15%オフ |
| | | 終日(バーのみ) 15:00～23:00 (土日17:00～) | | | | | | | スパイシー・ミニ・チキン・タコス$7.95、チキン・ウィングス$10.95 |
| 15:30～17:30 | | | | | 22:30～23:30 | | (金土～24:00) | | ビール$2オフ、クリスピー・カラマリ$6、クラフトピザ各種$10 |
| (土16:00～20:00、日休) | | | | | | | | | ハウスカクテル$4オフ、ビール$2オフ、グラスワイン$3オフ、おつまみ$2オフ |

122

Eat / ハッピーアワー

レイトナイトの
ハッピーアワーも使える！
Happy Hour
15:00~18:00
21:00~22:30

## Waiolu Ocean Cuisine
ワイオル・オーシャン・キュイジーヌ
→ MAP P201-C1

### 1日2回のハッピーアワー

前はほぼ全品半額になったレイトナイト・ハッピーアワー。一部変わってしまったが、おつまみ風NYステーキ10オンスが$18、寿司の握り全品$2～4と、引き続き半額に近く大変お得。ボトルワインまで25%オフでうれしい。

フォート・デルッシーを望むビュー。ハッピーアワーではないが、金曜は花火が目の前に

🏨 トランプ・インターナショナル・ホテル・ワイキキ・ビーチ・ウォーク6階
📞 683-7456
🕐 11:00～22:30
CLOSE なし

| 店名 | 掲載ページ | 時間 8:00 9:00 10:00 11:00 12:00 13:00 14:00 15:00 16:00 |
|---|---|---|
| エムダブリュー・レストラン | →P088 | 14:00～17:00 |
| メリマンズ | →P089 | 14:00～17:00 |
| ザ・グローブ・レストラン＆バー | →P102 | 9:00～12:00　15:00～17:00 |
| トミー・バハマ・レストラン・バー＆ストア | →P103 | 14:00～17:00 |
| デック | →P103 | |
| ラムファイヤー | →P103 | 15:00～17:00 |
| オフ・ザ・ウォール・クラフト・ビール＆ワイン | →P126 | 11:00～15:00　（月～金） |
| ヤヤズ・チョップハウス＆シーフード | →P126 | |
| マウイ・ブリューイング・カンパニー・ワイキキ店 | →P127 | |
| ワークプレイ | →P127 | 15:00～17:00 |

主なハッピーアワー一覧

ひとりごと　一般的にハッピーアワーのデメリットは、中途半端な時間であり、そしてメニューが限定されること。それを除けばメリットしかない！

## 数多のロマンティックを演出

プロポーズや挙式後パーティなど、人生の晴れ舞台にふさわしいフレンチの名店。名物は40年以上愛されるロブスタービスク($19)やテーブル横でカットしてくれるシャトーブリアン(ひとり$60、2名分から)。要予約。

### Michel's at the Colony Surf
ミッシェルズ・アット・ザ・コロニー・サーフ
→ MAP P198-D5

📍 2895 Kalakaua Ave.
📞 923-6552
🕐 17:30～21:00
　（金土～21:30）
CLOSE なし

過去にクリントン元大統領やジョニー・デップも来店。セレブも魅了された味を楽しもう

## For The Memorial Day
## 大切な人を連れ、記憶に残る名店へ

特別な日のディナーは、ここから選べば間違いありません。ハワイ旅行を振り返ったときに「ハイライトはここだった！」と思える、ロマンティック＆デリシャスな思い出を演出してくれます。もちろん大切な人と行くわけですから、事前予約や服装選びも大切に。パリ・ハワイ以外、明確なドレスコードを設けているので必ず予約時に確認を。

### Paris.Hawaii
パリ・ハワイ
→ MAP P201-A2

### 山中シェフの
### アイランドフレンチ

パリでスーシェフ経験もある山中祐哉氏の創意が詰まった、全8皿プリ・フィクスコース($95)。パリとハワイを瞬間移動しているような、かつてない口福と眼福。歴史指定建造物を改築した店内の雰囲気も大好きです。

📍 413 Seaside Ave. 2F　📞 212-9282　🕐 17:30と20:00の2部制　CLOSE 水

クアロア産の牡蠣やカウアイシュリンプなど、ハワイの食材がフレンチと見事に融合。リリコイのタルト(右上、$18)も芸術作品のよう

天才シェフの華麗な料理を目の前で楽しめる"シェフ・カウンター"をぜひ予約したい

124

Eat 〜 記憶に残る名店

結婚式場の1階レストランを一般層に開放

## 53 By The Sea
フィフティースリー・バイ・ザ・シー
→ MAP P202-D4

### アールデコ調の非日常な空間

ミシェルズやラ・メールをおさえ、ハレアイナ賞2020「モスト・ロマンティック」金賞を獲得。ワイキキとダイヤモンドヘッドをこのアングルから望むレストランはここだけ。新鮮な魚介を使った料理も定評があります。

- 53 Ahui St.
- 536-5353
- 11:00 〜 14:00、17:00 〜 22:00
- CLOSE なし

ポワローとキャビアで彩られたスズキのパプール。季節ごとに変わるコース料理は前菜、アントレ、デザートorチーズの3品で$125〜

## La Mer
ラ・メール
→ MAP P201-C2

### ワイキキ最上級のエレガンス

ワイキキのど真ん中、王道だけど正統。誰も疑うことのない、ハワイ最高峰のレストランです。フォーブストラベルガイドで最高の5つ星を獲得。ここならプロポーズ成功もまず間違いないけど、緊張して食べるのはもったいないです(笑)。

- ハレクラニ2階
- 923-2311
- 17:30 〜 21:30
- CLOSE なし

シグネチャーは、ロブスターやアワビなどの冷製シーフードの盛り合わせ(上、$85)

125 ひとりごと ちなみに僕の思い出の店は、結婚式前夜に男友達みんなが祝ってくれたサイド・ストリート・イン(笑)。飲み過ぎて記憶にはないのですが……

エンパナダス($11)やフィッシュ・ピンチョス($13)など南米系の料理で酒が進みます

## Off the Wall Craft Beer & Wine
オフ・ザ・ウォール・クラフト・ビール＆ワイン
→ MAP P202-C5

### 話題のクラフトビールを飲み比べ

入り口でカードを受け取り、自分で好きなビールをタップ。カカアコに地ビールの店が増えたけど、ここに来ればまとめて飲み比べできます。サウスショア・マーケットにあるので、買い物ついでによく立ち寄ります。

1170 Auahi St. 593-2337
11:00～23:00（金土～24:00、日～21:00） CLOSE なし

## Don't Drink Too Much!?
## ついつい飲み過ぎて‼ 記憶に残らない名店!?

前ページで"記憶に残る名店"を紹介しましたが、こちらは記憶が飛んでしまうくらいお酒が進む名店（笑）。いや、もちろん飲み過ぎはNGですが、5軒とも料理がおいしく、コスパも抜群。普段使いのディナーにもぴったりです。酒飲みの僕としては、ここを絞り込むのが一番難しかったかも。ハッピーアワー（→P122）実施店も多いです。

## Ya-Ya's Chophouse & Seafood
ヤヤズ・チョップハウス＆シーフード
→ MAP P203-C3

### 良心的価格の新型ステーキハウス

最近特に伊澤いち押しの店。カパフルの人気店アンクル・ボーズと同系列で、ステーキ（→P108)は驚きの値段。シーフードもおいしく、写真のロブスター・ダイナマイト($24.95)はマスト。ワインボトルも$30から揃う。

508 Keawe St. 725-4187
15:00～23:00（金～24:00、土17:00～24:00、日17:00～） CLOSE なし

近年グルメ激戦区のカカアコに2019年末オープン。壁のアートはクリス・ゴトーが担当

記憶に残らない(!?)名店

## Island Vintage Wine Bar
アイランド・ヴィンテージ・ワイン・バー
→P106

### こんなワインバーを ずっと待っていた

「サク飯(→P106)」で紹介したけど、実際はゆっくりディナーに使うほうが多い店(だって全部おいしいんだもの笑)。パルマ産プロシュートやハニークリーム・パイナップルがのったブラータチーズ($24)は毎回頼む一品。ディスペンサーにあるワイン約40種以外にグラスワインとしてオーダーできるものが100種類ほどあります。

イタリアのバルバレスコやフランスのサンセールなど、上質なワインをグラスで飲める

バーボンとアールグレイ・シロップのカクテル、ティータイム(左、$13)はぜひ試してほしい一杯。テンダーロインステーキは$24

## WorkPlay
ワークプレイ
→ MAP P203-C3

### 昼夜で顔を変えるカフェ&バー

昼はノマドワーカーが集うワークスペース、夜はバーラウンジへと変身。ここで飲むなら、種類豊富なオリジナルカクテルがおすすめ。金土の夜は、生演奏やDJも入り大混雑。客層もおしゃれで、カカアコの縮図のようなお店です。

814 Ilaniwai St. ☎ 457-1322
⏰ 10:00～23:00 (金～25:00、土15:00～25:00) CLOSE 日

## Maui Brewing Company Waikiki
マウイ・ブリューイング・カンパニー・ワイキキ店
→ MAP P201-B3

### ワイキキど真ん中で ハワイアンビール

マウイ島の有名ブリュワリーが手がけるレストラン。カラカウア通りに面した便利なロケーションにもかかわらず、コスパ上々。座席数も多いので非常に使いやすいです。1日2回のハッピーアワーもフードがとってもお得に。

ワイキキ・ビーチコマー BY アウトリガー 2階
☎ 843-2739
⏰ 7:00～23:30 (金土～24:00) CLOSE なし

(上)4種類のビールが試せるサンプラーがおすすめ(左)店内の広々したルーフトップ

ひとりごと ちなみに次点は「アンクル・ボーズ」「リアル・ガストロパブ」「パイント&ジガー」など。ここは合計4ページにすればよかったかなぁ……

## Bar Time ストーリーのあるバー

本当に価値のあるバーには、オープンにいたるまでのドラマや、過去に紡いできたヒストリーが必ず存在するもの。コスパや見た目だけじゃ語れない、奥深きバーの世界。そのストーリーを知ると、ますますバーは面白くなります。

1944年当時のレシピで作ったヴィックス44（左、$15）と、2019年登場ハイビスカスのピンク・ビール（右、$8）

## Mai Tai Bar
マイタイ バー
→ MAP P201-C3

### 世界的バーのルーツは西海岸と大西洋にあり

ラムをトロピカルジュースで割ったマイタイを世界に広めたバー。マイタイ自体は、実は1944年カリフォルニアで誕生。その後、こちらのオリジナル「ロイヤル・マイタイ（$15）」のほうが有名になりましたが、カリフォルニア版マイタイも「ヴィックス44」としてこの店に受け継がれています。また、ロイヤル ハワイアン ホテルのピンク色は、創立者ウィリアム・マトソンの親友、サラ・ワイルダー夫妻がポルトガル旅行中に現地の建物の色に触発され、自分たちの別荘をピンクにしたのがきっかけ。それを見たマトソンの娘もピンク色を気に入り、ホテルを同じ色にしたそう。太平洋のピンク・パレスのルーツは、実は大西洋に面したポルトガルだったのです。

ロイヤル ハワイアン ラグジュアリー コレクション リゾート1階　923-7311　10:00～23:30　CLOSE なし

128

ストーリーのあるバー

マンゴー・アット・ザ・モアナや、クラ産ストロベリーのモヒート(各$16.50)など、ハワイにちなんだカクテルを

## THE BEACH BAR
ザ・ビーチ・バー
→ MAP P201-B3

### 今も変わることのない美しきハワイの音色

1935年から40年間にわたって放送されたラジオ番組「ハワイ・コールズ」。ピーク時には世界750局で流れた伝説の人気番組なのですが、その収録を主に行ったのが当時のモアナ・ホテルの中庭。現在のザ・ビーチ・バーがある場所でした。ハワイ・コールズは、ハワイアン・ミュージックとともに波の音までも放送し、世界中にハワイブームを巻き起こしたと言われています。今でもこのバーに来れば、当時とまったく変わらない、世界中が憧れたハワイの音色を聴くことができます。ちなみに中庭中央のバニヤンツリーが植樹されたのは、ラジオよりもさらに昔の1904年。ゲストたちを優しく迎え入れるかのごとく、大きく枝葉を広げて佇んでいます。

モアナ サーフライダー ウェスティン リゾート&スパ1階　922-3111　10:30〜22:30　CLOSE なし

ひとりごと マイタイ バーには、テキーラベースの「ピンク・カサ」や、マイタイをアレンジした「ピンク・マイタイ」など裏メニューのピンクドリンクがある！

Bar Time ストーリーのあるバー

モンキー・ショルダーやラフロイグ10年にレモンやハニーを合わせ、スモークチップで香りづけした「イン・ザ・ソウル($20)」

# BAR LEATHER APRON

バー・レザー・エプロン
→ MAP P203-C2

手さばきだけで酔えるたった6席のカウンターは高級革靴店「レザーソウル」のオーナーであるトムと、「世界ベストマイタイコンテスト」で3度優勝経験のあるバーテンダーのジャスティンによるダウンタウンの隠れ家バー。もともとトムがお店で顧客向けのプライベートイベントをしたところ、これが大盛況。そこでふたりは、2016年にレザー・エプロンの共同経営を開始。モンキーポッドから作られたカウンターテーブルや重厚なレザーシートなど、店に入ってすぐにここが紳士のための店だとわかるのは、レザーソウルのDNAによるもの。一方で、ジャスティンが生み出すウイスキーベースの極上カクテルは、女性の心をもほぐす優しさと繊細さを兼ね備えています。

🏠 745 Fort St. #127A　📞 524-0808　🕐 火〜土17:00〜24:00　CLOSE 日月

130

Eat 〜〜〜 ストーリーのあるバー

上質のカクテル、アペタイザー、そして毎日20時半からは一流アーティストによるジャズライブが行われます

# LEWERS LOUNGE

ルワーズ・ラウンジ
→ MAP P201-C2

## 名前に込められたおもてなしへの想い

かつてのどかな風景が広がっていたワイキキの一角に、一軒のビーチハウスが建てられたのは1883年のこと。所有者のロバート・ルワーズ伯爵は、海から帰ってきた漁師たちのために建物の一部を開放し、心を込めておもてなしをしたそう。夢のような時間を過ごした漁師たちは、ここをハワイ語で「天国にふさわしい場所（ハレクラニ）」と呼ぶようになりました。そんな伯爵の名前を引き継いだこちらのバーラウンジは、いわば"ハレクラニの原点"。毎晩19時になると、本館1階の重厚感ある木製の扉が開き、波の音よりも心地よいジャズピアノの調べと、バーテンダーが響かせるカクテルシェイクの音が、世界中のゲストをもてなします。

ハレクラニ1階　922-3111　19:00〜25:00　CLOSE なし

131　ひとりごと　「ワイキキで一杯飲もうよ」ってときに、ルワーズ・ラウンジを選ぶ大人は本当にカッコいいなと思います。ドレスコードには気をつけて

生牡蠣6ピース($24)や豚角煮のバオ($17)。毎日16時半から19時半まではハッピーアワーで、カクテルやおつまみが$5になります

電話ボックス風の扉の奥にバー発見!

### スピークイージーとは?

1920年代、禁酒法が施行されていたアメリカで、お酒を密造し、隠れて提供していた場所のことを指す言葉。「こっそりとお酒を注文する」というニュアンスが語源だそう。現在では、入り口がわかりづらかったり、看板がないようなバー全般を指します。

### Haus Supper Club
ハウス・サパー・クラブ
→ MAP P202-C5

#### アラモアナセンターで深夜2時まで営業中

2019年にオープン。電話ボックスの奥にある"スピークイージー風"なレッドルームは、実は寿司バー。ステージでライブ演奏があったり、週末22時半以降はクラブ営業だったり、カラオケルームがあったりと、手広いお店。

🏠 アラモアナセンター 3階　📞 466-1888
🕐 水木16:30〜26:00 (金土〜28:00、日20:00〜25:00)　CLOSE 月火

## *Speakeasy Bar*
## 本棚がくるりと回転!スピークイージーの世界へようこそ

直球バーで飲みたい日もあれば、変化球を楽しみたい日もあります。そんな夜におすすめなのが、スピークイージー。NYやパリ、香港など世界中で広まっているバースタイルで、お店を知る者しかたどり着けないエクスクルーシブ感が人気。ハワイでもじわじわと増加中です。すべて出し惜しみなく紹介しているこのガイドですが、残念ながら教えたくても教えられない店もいくつか存在します。

真っ赤な壁にかかる鹿の剥製。一夜限り、貴族になった気分で飲んでみてはいかがでしょう

### The Hi Brau Room
ハイ・ブラウ・ルーム
→ MAP P203-C3

#### 週に3日だけしか開かない

「アロハ・ビア・カンパニー」が2階でひっそりと経営するバー。薄暗い階段を上がり、重厚感ある黒い扉を開けると、ビンテージのソファが置かれた邸宅風の空間が出現します。クラフトビールも飲めますが、カクテルもおいしいです。

🏠 700 Queen St.　📞 544-1605 (アロハ・ビア・カンパニー)
🕐 17:00〜24:00　CLOSE 日〜水

ひとりごと　ほかに有名だった「スカイ・ワイキキ・バック・バー」や「ハリーズ・ハードウエア・エンポリウム」は移転・閉店しました。残念……

Eat 〜〜〜 スピークイージーバー🌴

### The Study
ザ・スタディ
→ MAP P199-D1

### ワイキキの元祖、隠れ家バー

ホテルロビーの本棚が夕方になると回転し、バーの入り口に。ハワイで「スピークイージー」が流行る前からこのスタイルで営業する、先駆け的存在です。完全な隠れ家ではないものの、雰囲気抜群の「モテバー」です。

🏠 ザ モダン ホノルル バイ ダイヤモンド リゾーツ内
📞 943-5800（ホテル代表） 🕐 18:00〜24:00（木〜日〜26:00） CLOSE なし

夕方になると本棚が回転しバーが出現！

扉が開くのは18時。本棚にちなんで、カクテルに有名文学の名前が付いているのはオシャレ。20時からはライブ演奏も入りにぎやかに

シグネチャー・カクテルのひとつ「ロード・トゥ・モロッコ($14)」は、プラムの一種スローベリーのリキュールを使った甘酸っぱいカクテル

### Gaslamp
ガスランプ
→ MAP P204-B1

### カイルアで夜を過ごすなら

「カイルアタウン・パブ・アンド・グリル」というアイリッシュ・パブの一番奥、電話ボックスを開けた先に現れる隠れ家バー。WEBで事前予約し、カイルア散策の締めくくりにぜひ加えてみてください。木金土はジャズの生演奏も入ります。

🏠 26 Hoolai St. Kailua
📞 829-0226
🕐 18:00〜24:00
CLOSE 月火
🌐 gaslamphi.com

133

❶ Sky Waikiki

# 「ハワイで夜遊びってどうよ？」

早寝早起きが気持ちいいハワイですが、たまに遅くまで飲みたくなる時、ありませんか？（僕はあります笑）。
ここではいくつか夜遊びスポット（おもにクラブ）をご紹介。
ちなみに、どこも極端に危険ということはありませんが、ワイキキは23時を過ぎると買い物客が姿を消して急に人気がなくなるので、お酒を飲みすぎない、貴重品の管理を怠らないなど、基本的な安全対策は忘れないようにしてくださいね！

### ハワイのクラブの注意点

- 21歳未満は入場不可
- パスポート提示が必須
- ドレスコードは結構厳しい
- カクテルはかなり濃い！
- 帰りの移動は必ず車で

普段日本でも滅多に夜遊びをしないという方は、カラカウア通りの❶「スカイ・ワイキキ」がおすすめ。19階のルーフトップからワイキキの夜景が一望できるバー＆レストランで、お酒、音楽、ハワイの風に酔いしれることができる素敵な空間です。木〜土曜の18〜21時は生演奏が入り、また金土の21時以降はDJラウンジに変身。ドレスコードはありませんが、おしゃれなお客さんが多いので、それなりにドレスアップしてきたほうが楽しめると思います。ただ、営業時間や形態、ドレスコードはこれまで何度も変わっているので、ウェブで最新情報を確認することをおすすめします。

治安を考えると、ホテル内に併設されたクラブが安心です。フロントには常にスタッフがいますし、帰りの際はタクシーやUberを呼びやすい利点もあります。モダン・ホノルル内の❷「アディクション・ナイトクラブ」は、開放感ではスカイに劣りますが、金土のフロアは地元のお客さんで満員状態。20代の子たちが多めで、みんなメイクも服装もドレスアップして気合いを入れて遊びに来ている印象です。

シェラトン・ワイキキ内のレストラン❸「ラムファイヤー」も、金土の21時からクラブ（多少ギラギラ感あり笑）の場合は、ホテル内のバー「スタディ」でしっとり飲んで、その勢いで流れてしまうことが多いです。ドレスコードがあるので事前にウェブで確認を。

❸ Rumfire

❷ Addiction Nightclub

---

**❸ Rumfire**
ラムファイヤー ➡ P103
🏠 シェラトン・ワイキキ・ホテル1階 📞 922-4422（ホテル代表） 🕐 金土21:00〜25:00（クラブ営業）、レストラン＆バー営業は11:30〜24:00（金土〜25:00） CLOSE なし 料金 $10（ホテルゲストは無料）
www.sheratonwaikiki.jp/rumfire.htm

**❷ Addiction Nightclub**
アディクション・ナイトクラブ
➡ MAP P199-D2
🏠 ザ モダン ホノルル バイ ダイヤモンド リゾーツ内 📞 943-5800（ホテル代表） 🕐 木〜土22:30〜27:00 CLOSE 日〜水 料金 木曜は男性$10、女性無料。金土曜は男性$20、女性$10。ホテルゲストは無料
www.themodernhonolulu.com/addiction-waikiki-club

**❶ Sky Waikiki**
スカイ・ワイキキ ➡ MAP P201-B3
🏠 ワイキキ・ビジネス・プラザ19階、2270 Kalakaua Ave. 📞 979-7590 🕐 17:00〜23:00（金土〜24:00） CLOSE なし 料金 無料
www.skywaikiki.com

# Eat ハワイで夜遊び

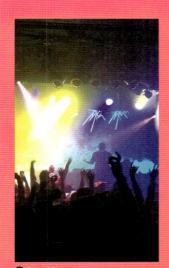
❹ Republic

❺ Scarlet Honolulu

❻ The Sand Bar & Grill

ブナイトになります。すぐ外はワイキビーチで、中は音楽、外は波の音を楽しめる唯一無二のロケーション。ドレスコードは緩くバー感覚で気楽に使えるのがいいところ。年齢層は高めで、外国のお客さんは50〜60代くらいの人も見かけます。場所柄、観光客が多い印象です。どちらのクラブも宿泊者は入場無料なので、ぜひ覗いてみては？

他にもワイキには、ルワーズ通りの「ムース・マクギリカディーズ（通称ムース）」やクヒオ通りの「プレイバー」など、お酒が飲めて音楽を楽しめるスポットがいくつかあります。おしゃれではないですが、お酒もリーズナブル。ワイキキ以外では、アラモアナの❹「リパブリック」は知っておくべきでしょう。ロックから4つ打ちまで、幅広いジャンルのアーティストが出演するライブハウスで過去にはワンオクやディブロも出演。不定期開催なので、ホームページでスケジュールを確認しましょう。そのすぐ隣には「ザ・ディストリクト」という大型のクラブもあり、こちらのお客さんは99％がローカルで。ゴリゴリのヒップホップもありません。ただし、帰りは必ずUberなどで自分で車を呼べるようにしてください。

最後になりますが、「クラブのあとにもう一杯！」飲みたい場合のお店をご紹介。ワイキ・サンド・ヴィラのハワイ通りのホテル、ワイキ・サンド・ヴィラの❻「サンド・バー＆グリル」は朝の4時まで営業しており、隠れ家感もあるのでしっぽり飲むにとてもいい雰囲気です。ただ、どんなに夜遊びするにしても、次の日に影響が出ない程度に楽しんでくださいね！

ハワイのクラブで一番楽しかったのは、ダウンタウンの❺「スカーレット・ホノルル」です。シカゴに本店があるLGBTフレンドリーなクラブ（いわゆるゲイクラブ）で、ドラッグクイーンによるショータイムは必見です。お客さんが自然体で純粋にエンターテインメントを楽しんでいる様子が素敵です。ちなみにDJの選曲はEDMやダンスクラシック系で、かなり盛り上がります。場所がワイキから少し離れたダウンタウンにありますが、クラブ内で身の危険を感じたことは一回もありません。

---

### ❻ The Sand Bar & Grill
ザ・サンド・バー＆グリル
→ MAP P200-A4
ワイキキ・サンド・ヴィラ・ホテル内、2375 Ala Wai Blvd. 📞921-3229
🕐6:30〜28:00 CLOSE なし

### ❺ Scarlet Honolulu
スカーレット・ホノルル
→ MAP P203-B2
80 S. Pauahi St. 📞200-0910
🕐金土20:00〜26:00 CLOSE 日〜木
料金 $15 scarlethonolulu.com

### ❹ Republic
リパブリック
→ MAP P202-B5
1349 Kapiolani Blvd. 📞941-7469 🕐イベントによる CLOSE 不定休
料金 イベントによる（オンライン購入可能） jointherepublik.com

---

135　ひとりごと　ハワイのカクテルはとにかくお酒が濃い。踊りながらつい飲み過ぎてしまってわないよう気をつけて！

# DEEP TECHNIQUES *Eat*

## ちょっと マニアックなテクニック

食事系テクニックは、"曜日or数量限定"が中心。ウェル＋プロパー（→P82）もしかり、食べられるかわからないスリル感が、ハワイおたくの好奇心と食欲を刺激するのです（笑）。

### Uber Factory
ウーバー・ファクトリー
→ MAP P205-A2

**人気ウベタルトの工場で限定フレーバーをゲット**

ディーン＆デルーカ（→P115）で人気のタルト。実はワヒアワの工場では、ピスタチオ味やコナ・モカ味などの限定味が買えます。ただし販売時期は不定期。Facebookを日々チェックして。

🏠 71 S Kamehameha Hwy. Wahiawa　🕐 水木9:00～17:00（土日8:00～14:00）　CLOSE 月火・金
www.facebook.com/UberFactory

### Molokai Hot Bread
モロカイ・ホット・ブレッド

**神出鬼没なのに品切れ続出 モロカイ生まれの人気パン**

モロカイ島で人気のカネミツ・ベーカリーを販売するフードトラック。出店場所が不定のためウェブで要確認。ジャムやクリームチーズを塗ったパンは、想像のはるか上を行くうまさ！

🏠 出店場所が毎日変わるのでウェブを確認　📞 237-2535　出店所による　CLOSE 不定休　🌐 molokaihotbread.com/truck-locations

### Compassion Café
コンパッション・カフェ
→ MAP P203-C3

**ラテが0円でもOK? 値段表記のないカフェ**

教会が慈善目的で運営。従業員はボランティアで、売上は寄付につながる。飲み物の目安は$2。「払えない人も気にせず楽しんで」と書かれていますが、あえて多めに払いたくなります。

🏠 670 Auahi St.　📞 955-9335　🕐 土17:30～19:00、日8:00～12:00　CLOSE 月～金

### MW Restaurant
エムダブリュー・レストラン
→ P88

**グルメレストランの味が$11で楽しめるBento（弁当）**

本書で何回も紹介している名店MW。その味を一番リーズナブルに楽しめるのが、平日昼限定の弁当（持ち帰りのみ）。カルビやスパム、豚カツなどが詰まって、量も味も大満足！

136

Eat マニアックなテクニック

## DEAN & DELUCA The Ritz-Carlton Residence Waikiki Beach
ディーン&デルーカ ザ・リッツ・カールトン・レジデンス・ワイキキビーチ
→ MAP P201-A1

高級寿司店「すし匠」の1日10食限定ちらし寿司

月〜土曜の10〜14時、リッツのディーン&デルーカの2階で販売。ウニ、イクラなど約20種類の魚介が詰まって$35。コースで$300するすし匠が、この値段で味わえるのは奇跡。

🏠 383 Kalaimoku St.　📞 729-9210
🕐 7:00〜22:00
CLOSE なし

## Paris. Hawaii
パリ・ハワイ
→ P124

パリ・ハワイのバー限定 コナアバロニカレーが絶品

バーエリアでのみ注文できる秘密のグルメカレー($14)。ハワイ島産の鮑を肝まで使ううま味を凝縮。マウイオニオン、パパイヤ、ココナッツミルクなどハワイの味覚が詰まった傑作。

## Starbucks
スターバックス各店

アメリカ限定の裏メニュー「ピンクドリンク」って？

通常メニューの「ストロベリー・アサイー・リフレッシャー」を、水ではなくココナッツミルクで割ったドリンク。北米では人気のカスタムで、「ピンクドリンク」で普通に通じます。ストロベリーの酸味にほんのりココナッツの甘味が加わり、おいしさもアップ！

## Pioneer Saloon
パイオニア・サルーン
→ MAP P198-C5

パイオニア・サルーンは土日限定メニュー狙いで

モンサラットにあるプレートランチの名店が、土日限定で販売するプライム・リブ・ステーキ。ライスとマカロニサラダ、さっぱり味&スパイシーのソースが付いて$17.80はお得！

🏠 3046 Monsarrat Ave.　📞 732-4001
🕐 11:00〜20:00
CLOSE なし

## Kona Coffee Purveyors
コナ・コーヒー・パーベイヤーズ
→ MAP P201-A3

もし買えたらラッキー！クイニーアマン・エンドとは？

ペイストリーの一番人気はクイニーアマンですが、その切れ端「エンド($9)」もサクサクの食感で人気。ただし作れるかどうかは、クイニーアマンの数次第という幻の一品！

🏠 インターナショナル・マーケットプレイス内(クヒオ通り側の入り口)、2330 Kalakaua Ave.　📞 450-2364
🕐 6:00〜22:00　CLOSE なし

## Costco Hawaii Kai
コストコ・ハワイカイ店
→ MAP P194-D5

最安値のアサイボウルはコストコで$4.99！

会員制スーパーの軽食スタンド「カークランド」で買えるアサイボウルは、グラノラとフルーツもいっぱいで、なんと$5以下。ただし、購入には会員カード(2020年3月より)。

🏠 333 A Keahole St.
📞 396-5538
🕐 10:00〜20:30 (土 9:30〜18:00、日 〜18:00) CLOSE なし

ひとりごと ウーバー・ファクトリーのFacebookは日本からもチェックしてしまうのだけど、最近「Turnover」という限定菓子パンも登場したらしい。〈一、食べてみたい

# Shopping

## 買い物はまずローカルファースト！

おみやげにしても、自分へのご褒美にしても、なるべくローカル・プロダクトを選ぶ。それがハワイのベンダーやデザイナーへの支えになり、巡り巡ってハワイをサポートすることにもつながっていくから。ここでも、極力"メイド・イン・ハワイ"をセレクト。ここ数年、ハワイではセンスのよいグルメみやげや、アパレルブランドが急増中。情報をアップデートし、最高の買い物をしにいこう。

# Local Shop
## イケてるローカルショップ

まずは自分が大好きなショップから紹介。どこもハワイの伝統やモチーフを大切にしながら、現代風に解釈したデザイン。コテコテの"ザ・ハワイ感"はないけど、逆に東京でもクールに着られる（少

### HE IS THE DESIGNER
### JOSEPH SERRAO さん

地元出身のサーファーで、ハワイ文化とサーフィンへのオマージュを込めたアイテムが多い。日本のJournal Standardや阪急うめだでポップアップストアを開催したことも。愛称はジョーさん。

**1** ジョーさん含めオーナー3人は皆サーファー **2** アロハからジャケットまで幅広い品揃え **3** サーフ用に欲しいボードショーツ **4** アイランド・スリッパとのコラボ（$109）。左右非対称がクール **5** サングラスのフレームは日本の鯖江で生産

## Salvage Public
サルベージ・パブリック
→ MAP P202-C5

### "ハワイ"にこだわるビーチ＆シティブランド

ハワイ語のメッセージTシャツや、ダイヤモンドヘッドをモチーフにした台形のロゴなど、地元愛があふれるデザイン。ただし、センスは超都会的で、NYタイムズからも「超クールなサーフウェア」と称賛。品質にこだわるため一部生産は日本で行っています。

サウスショア・マーケット1階, 1170 Auahi St. ☎ 591-8411 ⏰ 10:00～21:00（日～18:00） CLOSE なし

## Shopping
### イケてるローカルショップ

**SHE IS THE DESIGNER**
## ROBERTA OAKSさん

ミズーリ州出身。世界各地を旅し、2004年にNZからハワイへ移住。当初はレディースラインのみだったが、2009年の店舗オープンと同時にメンズ、そして2019年には待望のキッズラインもスタート。

なくとも僕は着てる笑）ものばかりです。ユニセックスで揃ったり、ロベルタ・オークスやモリは子供服も置いてあったりと、ラインアップも多彩。5軒のうち3軒はサウスショア・マーケットに入っているのでハシゴしてみて。

# Roberta Oaks
ロベルタ・オークス
→ MAP P203-B2

### アロハシャツのシルエットが秀逸

プルメリアやヤシの木など、ハワイの植物をモダンにデザインしたアロハは、肌触りのよい質感で、男女ともスタイルよく見えると評判です。パステルカラーのワンピースやネクタイ（→P151）など、扱うものすべてがキュート！

🏠 19 N Pauahi St.
📞 526-1111
🕐 10:00 〜 18:00（土 〜 16:00、日 11:30 〜 16:00、第1金 〜 21:00）
CLOSE なし

**1** 看板のアロハからすでにかわいい **2** 生地も縫製も最高品質のアロハ **3** デザイナー兼オーナーのロベルタさん **4** ボディミスト（$18）はルームスプレーにも◎ **5** 壁に飾るとおしゃれなペナント（大$26、小$18） **6** 家族でお揃いアロハ。右からメンズ$120、キッズ$58、レディース$98

（ひとりごと）僕はもともと西海岸テイストが好きで、実はアロハシャツとか敬遠していたんです。でも、この2軒に出合ってから、計10枚以上買いました（笑）

# Local Shop
## イケてる
## ローカルショップ

**1** センス抜群のご夫婦 **2** ポルトガルのサーフブランドLA PAZのスウェット($128) **3** ハワイ発ブランドAVELAのストローバッグ($78)。クラッチとしても使える **4** オリジナルデザインの缶バッジ **5** L☆SPACESやSPELL & THE GYPSYなどのワンピース **6** シアトルのコーヒー豆を使用

### THEY ARE THE OWNERS
### PARKER MOOSMANさん&
### ALI MCMAHONさん

カイルア出身のアリさんと、ワシントン州スポケーン出身の旦那パーカーさん。ふたりはシアトルで出会い、その後カイルアにブティックをオープン。アリさんはバナナ・リパブリックやグッチなどのビジュアル・マーチャンダイザーを務めた経歴を持つ。

## Olive & Oliver
オリーブ&オリバー
→ MAP P201-A2

### ワイキキで感じる
### カイルアのバイブス

オーナーのふたりがリゾートウェアをすべてセレクト。試着室やカフェの紙コップに描かれたパイナップル柄のピンバッジや、サーフジャックとコラボしたグッズ（→P152）など、オリジナルデザインの商品もかわいくて人気です。

🏠 星野リゾート サーフジャック ハワイ内
📞 921-2233　🕐 8:00～20:00（カフェは6:00～19:30）　CLOSE なし

＼カイルアの店舗も
リニューアル！／

オリーブ・ブティック → P63

*Shopping* — イケてるローカルショップ

### HE IS THE OWNER
### BOBBY IKEDA さん

オーナー兼クリエイティブ・ディレクターとしてキャメロン・ハワイのデザインすべてに関わる。ハワイとLAを頻繁に行き来し、「Hawaiian Soul, California Love」をテーマにしたビーチリゾート・ライフスタイルを提唱している。

オーナーのボビーさんは日本語もペラペラでとても気さくな人！

1 レギュラーサイズのトートバッグは$52～
2 Tシャツやタンクトップなどビーチウェアも
3 虹をデザインしたポーチはビーズの刺繍

## Cameron Hawaii
キャメロン・ハワイ
→ MAP P202-C5

### 「ハワイらしさ」をセンスよく

「ALOHA」や「HAWAII」、ヤシの木といった定番モチーフをシックにデザインしたクラッチバッグやトートバッグが人気。ここのトートは僕も2枚持っていますが、いくらあっても困らないのでまた買ってしまいそう（笑）。

🏠 サウスショア・マーケット1階、1170 Auahi St. 📞 596-2222 🕙 10:00～20:00（金土～21:00、日～18:00）CLOSE なし

---

### SHE IS THE OWNER
### ALY ISHIKUNI さん

カウアイ島出身の日系2世。ハワイ大学でマーケティングを専攻したのち、2010年にオープンマーケットイベント「Art + Flea」をスタート。2016年より現在の常設ショップのオーナーとしてローカルアーティストの作品を取り扱う。

自身もアーティストのアリーさんが、全作品をセレクト

## Mori by Art + Flea
モリ・バイ・アート＋フリー
→ MAP P202-C5

### 新進気鋭のデザイナーをいち早く発掘してみては？

洋服だけでなく、アクセやステーショナリーなど、ローカルの新ブランドや若手クリエイターの作品を積極的に取り扱う。州立美術館のギャラリーショップを運営するなど、アーティスト・コミュニティとしての活動にも注目！

🏠 サウスショア・マーケット1階、1170 Auahi St. 📞 593-8458 🕙 10:00～20:00（金土～21:00、日～18:00）CLOSE なし

1 海をイメージした繊細なKomakai Jewelry。日本語の「細かい」とハワイ語の「マカイ（海側）」が由来 2&3 息子のLyric Hawaiiのアロハロンパースはここで購入 4 Mistprintのグリーティングカード

---

ひとりごと ネットで簡単に海外通販できる時代だからこそ、旅先でのブランドとの一期一会を大切にしてほしい。愛着が増して、ずっと大切に身に付けていたいと思えるはず

# ハワイで着る服は
# ハワイで買う

*Vacation Outfit*

僕がスーツケースに入れる洋服は、あえて全日程分の3分の2ほど。ハワイの気候にベストフィットするウェアやサンダルは、当然現地調達が一番です。写真に映るときも、ハワイで買った服を着ていたほうがリゾート感も出ますよ！

## at Dawn. OʻAHU
アット・ドーン・オアフ
→ MAP P202-C4

### ナチュラルな素材を使った
### 上品なリゾートウェア

オリジナルブランドAt Dawnは日本人のエリコさんがデザイン。独自に色染めした麻やコットン生地のリゾート服は、大人のハワイ旅にぴったり。男性向けは少ないのですが、Tシャツとアポリスのバッグは買いました（笑）。

⌂ 1108 Auahi St. ☎ 946-7837
⏱ 10:00〜20:00（日12:00〜18:00） CLOSE なし

1 フロリダ発Artesanoのストローバッグや、イタリアのシューズMartinianoが色鮮やかに並ぶ　2 マウイ島の陶器Altar Ceramicsは$44〜　3 人気ブランドGilliaのセレクトも　4 着心地抜群、At Dawn.のジャンプスーツ　5 & 6 ピアスも豊富。右Aloha Clay（$56）、左Ma.Ga.Nda（$72）7 アポリスのランチバッグ（$48）。サイズ感もいい！

144

Shopping ハワイで着る服はハワイで買う

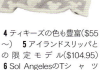

## Turquoise
ターコイズ
→ MAP P201-B2

### こなれたビーチウェア、ベビー服も充実

量、質ともに秀でたワイキキのセレクトショップ。James PerseやSundry、Molluskなどの西海岸ブランドと、GilliaやSalvage Publicなどのハワイブランド、センス抜群の二刀流です。23時まで営業しているのもうれしいポイント。

4 ティキーズの色も豊富($55〜)　5 アイランドスリッパとの限定モデル($104.95)　6 Sol AngelesのTシャツ($86)　7 ベアフット・ドリームス×ディズニーのぬいぐるみ付きブランケット($65)

🏠 333 Seaside Ave.　📞 922-5893
🕐 9:00〜23:00　CLOSE なし

## Patagonia Honolulu
パタゴニア・ホノルル店
→ MAP P202-C4

### おすすめはハワイ限定 Pataloha(パタロハ)

カリフォルニア発アウトドアブランドが展開する、ハワイ限定ライン「パタロハ」。Tシャツやアロハシャツ、トートなど、ここでしか買えないレアアイテムばかり。ハレイワ店の商品には「Haleiwa」と入っていてさらにレア。

1 Patalohaのロゴ入りオーガニックコットンTシャツ($35)　2 パイナップル柄のトートバッグ($29)　3 MiiR社製、真空断熱構造のキャンプカップ($25)

🏠 ワード・ビレッジ内、940 Auahi St.
📞 593-7502　🕐 10:00〜20:00 (日〜18:00)　CLOSE なし

パタロハTシャツは男女、キッズ揃っています

1 ワイキキ&西海岸のマンハッタンビーチに出店　2 マウイ島発のおくるみブランド、ココムーン($24)。品揃えは随一　3 子供服もリゾート仕様!

145　ひとりごと　パタゴニアの「パタロハ」は小物(→P150)のラインアップも多いです。なかなか難しい"男性へのおみやげ"にも喜ばれるはず!

## Koi Honolulu
コイ・ホノルル
➡ MAP P201-B2

### ハイブランドと
### 限定コラボにも注目

ハイブランドだけどカジュアルテイストで、リゾート映えする商品が揃う高級セレクトショップ。ファノンやサルベージ・パブリックなど、ローカルブランドも販売。東京だと六本木が好きな人にはドンピシャで刺さりそう！

🏠 ロイヤル・ハワイアン・センター B館1階
📞 923-6888　🕙 10:00～22:30
CLOSE なし

**Vacation Outfit**
ハワイで着る服は
ハワイで買う

**1** イタリアブランド「ハイドロゲン」のハワイ限定Tシャツ($110)　**2** オールバー・ブラウンの水着($345)。ロンドン生まれだけどハワイに映える！　**3** NY発ファノン＆ロイスのポーチ($75)　**4** ステート・オブ・エスケープは日本未発売の色も。エスケープモデルは$325　**5** トゥ・エ・モン・トレゾアともコラボ($235)　**6&7** ワイキキでは珍しいファノンのTシャツも販売

ハワイでもずば抜けてエッジィなセレクトショップ

## We Are Iconic
ウィー・アー・アイコニック
➡ MAP P202-C4

### 洗練されたスタイルを
### 世界中からセレクト

オーナーのシエさんが世界中のデザイナーズブランドから1点ずつ厳選。写真は左からゴールデングースのスニーカー($530)、クレア・ヴィヴィエのバッグ($325)、マラ・ホフマンのワンピース($550)、リダンのデニム($250)、ニリ・ロータンのキャミ($295)。

🏠 1108 Auahi St. #155
📞 462-4575　🕙 10:00～20:00
（日12:00～18:00）CLOSE なし

（上）カラフルなイヤリングはNYのレイチェル・コーミー（$125～）（下）ファッション感度の高い人ほど支持する店

Shopping ♡♡♡ ハワイで着る服はハワイで買う

## Fighting Eel
ファイティング・イール
→ MAP P201-B2

### 4店舗展開中の
### 人気ローカルブランド

コンセプトは「シンプル&セクシー」。オリジナルブランドでメイド・イン・ハワイにこだわった「ファイティング・イール」と、妹ブランドの「アヴァ・スカイ」が中心。どちらもスタイルよく見えて着心地最高（女友達談）。

🏠 ロイヤル・ハワイアン・センターB館1階
☎ 738-9295  🕐 10:00～22:00  CLOSE なし

**1** ワイキキで夜の22時まで営業  **2** インスタで人気の#LuckyWeLiveHawaiiが書かれたTシャツ($46)  **3** Unpublishedのビンテージ風ショートパンツ($66)  **4** カラフルな水着も

## Diamond Head
## Beach House
ダイヤモンド・ヘッド・ビーチ・ハウス
→ MAP P198-C5

### ビーチに直行したくなる服ばかり

海を愛する人のためのセレクトショップ。水着はもちろん、麦わら帽子やビーチタオル、サンゴを傷めない日焼け止めまで、ビーチファッションに関するAtoZすべてが揃います。メンズアイテムも少しだけありました！

🏠 3128 B Monsarrat Ave.  ☎ 737-8667
🕐 10:00～18:00（日～15:00）  CLOSE 日

**1** サムドラ×アロハコレクションのポーチ($35～)。海感あふれるセレクト  **2** モンサラットでダントツ目立つ店構え  **3** ヘアゴムはひとつ$3

## Holiday
ホリデー
→ MAP P198-C5

### 派手過ぎないサーフカジュアル

オリジナルのTシャツやキャップ、Banks JournalやTaaraなどサーフ系ブランドのセレクトなど、"アロハ感"控えめなアイテムが揃い、大人のホリデーにぴったり。クリス・ゴトーとコラボしたトートバッグ($28)も人気。

🏠 3045 Monsarrat Ave.
☎ 824-9992  🕐 10:00～16:00  CLOSE なし

**1** 小物のセンスも素敵  **2** Jute Hawaiiのバッグ($36)は2色展開。タッセル（飾り）は色違いあり  **3** キャンバスバッグ($48)はクラッチにも

147 ひとりごと ハイブランドからビーチ系まで幅広く紹介しましたが、大切なのは自分の好みに合うかどうか。各店のインスタを事前にチェックしてみて

## Moomin Shop Hawaii
ムーミン・ショップ・ハワイ
→ MAP P202-C6

### ムーミンがハワイでチル！

スヌーピーの次はムーミンがハワイに上陸！ 日焼け止め対策が万全なのか、ハワイでも色白のムーミンですが、ハクレイや虹に映えてとってもキュート。ボールペンやポストイットをさりげなくオフィスで使っています。

🏢 エヴァウィング3階
📞 945-9707
🕘 9:30～21:00
（日10:00～19:00）
CLOSE なし

## Anthropologie
アンソロポロジー
→ P202-C5

### いまだに日本には未上陸

ペンシルベニア州発、おしゃれ雑貨やレディースのファッショングッズが揃うセレクトショップ。そのままライフスタイルごと日本に持ち帰りたくなるディスプレイが魅力的で、僕も真似してキッチン用品をまとめ買い。

🏢 センターコート3階 📞 946-6302
🕘 9:30～21:00（日10:00～19:00）
CLOSE なし

## Uniqlo Ala Moana
ユニクロ・アラモアナ
→ MAP P202-C6

### ハワイのブランドとユニクロがコラボ

ハワイアン航空とコラボした限定Tシャツは、胸ポケットに搭乗券が刺さったような粋なデザイン。大人$14.90、キッズ$9.90と手頃なのでおみやげにおすすめ。ホノルル・クッキー＆カンパニーの裾のデザインもかわいい！

🏢 エヴァウィング2、3階
📞 600-3831
🕘 9:30～21:00
（日10:00～19:00）
CLOSE なし

## *Ala Moana Center*
# なんでも揃うアラモアナ！

ここで紹介するのは伊澤家の私物か、友達へ贈った品。大人も子供も、おしゃれもみやげも、あらゆる買い物が可能です。チラ見のつもりで行くと抜け出せなくなる、魔境アラモアナ(笑)。最低でも2時間はみておきましょう。

## Ala Moana Center
アラモアナセンター
→ MAP P202-C6

### 350店舗以上は世界最大級！

オープンエアでブラブラ歩いているだけでも気持ちがよいショッピングモール。「ハワイは奥が深い」と連呼している僕も、この定番スポットは大好きです(笑)。ただし駐車場の車上荒らしにはご注意を。

🏢 3496 Waialae Ave. 📞 735-7100
🕘 9:30～21:00（日～20:00）※ポケの販売は10:30～ CLOSE なし

### アラモアナセンター攻略法

**1** インフォメーションカウンターで最新MAPをゲット！**ウィング名**を覚えることで店の場所がわかりやすくなる。

**2** デパートは4種類、「**ニーマン・マーカス**」「**ブルーミングデール**」「**ノードストローム**」「**メイシーズ**」の順に高級。

**3** フードコートは3種類。入り口に近くジャンルも豊富な「**マカイマーケット**」、日本食が集まる「**シロキヤ**」、最新＆こだわりの店が多い「**ラナイ**」がある。

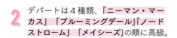
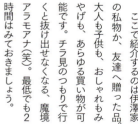

なんでも揃うアラモアナ

## Mālie Organics
マリエ・オーガニクス
→ MAP P202-C6

### カウアイ島のコスメブランド

僕が好きなのは甘さ抑えめな「コケエ」シリーズ。気軽に買い足すのは石鹸($16.50)、たまに奮発するのはルームディフューザー($73)。パイナップルの容器がかわいいキャンドル($50)はもったいなくて使っていません(笑)。

エヴァウィング3階　946-2543
9:30〜21:00(日10:00〜19:00)
CLOSE なし

## Janie and Jack
ジャニー&ジャック
→ MAP P202-C6

### かわいすぎるベビー&キッズ服

ハワイで買える子供服ブランドで一番好きな「JJ」。日本未上陸、ハワイでもここだけです。デザインも素材も高級感があって、あのトム・クルーズの娘も愛用しているとか。まあうちの子のほうが似合ってますけどね(親バカ)。

マウカウィング3階
824-3498
9:30〜21:00(日10:00〜19:00)
CLOSE なし

## Island Slipper
アイランド・スリッパ
→ MAP P202-C6

### ほかが履けなくなるサンダル

サルベージ・パブリックやターコイズとの別注モデルもいいけど、オリジナルも種類豊富でよく買いに来ます。レディース(上、$94.95)、メンズ(下、$114.95)。初ハワイのときから愛用していて、現在すでに7代目(笑)。

エヴァウィング3階　947-1222
9:30〜21:00(日10:00〜19:00)
CLOSE なし

## Barnes & Noble Booksellers
バーンズ&ノーブル・ブックセラーズ
→ MAP P202-C6

### ハワイ唯一の大型書店

ここでは洋書を購入しています。アートブックや写真集、コミック、子供用の絵本は英語が完璧でなくても十分楽しめるし、部屋に置けばそれなりにおしゃれ(笑)。ハワイ語辞典は、息子の名前を探すために買いました。

ダイヤモンドヘッドウィング1階
949-7307　9:00〜21:00(金土〜22:00)
CLOSE なし

## Hope & Henry
ホープ&ヘンリー
→ MAP P202-C6

### 高品質オーガニック子供服

2019年7月に登場した子供服ブランド。製造にかかる倉庫や配送コストを抑えつつ、高品質なオーガニックコットンにこだわっており、手触り最高、価格は手頃。まあまあ高級品だよと匂わせて、姪っ子へのプレゼントに。

マウカウィング3階　305-409-4492
9:30〜21:00(日10:00〜19:00)
CLOSE なし

ひとりごと　定番ですが1階センターステージ近くの「ビッグ・アイランド・キャンディーズ」のクッキーは両親が好きなので、毎回おみやげに買っています

**7** パタロハのハンディサイズポーチ（$15）

**6** パタロハ×MiiR社の8オンスサイズタンブラー（$18）

**1** シャカやパイナップルなどハワイらしいピン

**2** ハワイ州旗などがモチーフのワッペン（各$6）

**8** パタロハ×MiiRの23オンサーモボトル（$30）

**3** 「ALOHA」のフォントがかわいいマッチ箱（各$1）

**4** リーフ柄に「ALOHA」のアイマスクは$55

**9** 手紙の封を閉じる用の「ALOHA」ステッカーは$3

**5** パタロハのオーガニックコットン・トートバッグは$19

1.2.14　ロベルタ・オークス　→P141
3　グアバ・ショップ　→P69
4　ダイヤモンドヘッド・ビーチ・ハウス　→P147
5-8　パタゴニア・ホノルル店　→P145

## 9~12
# South Shore Paperie
サウスショア・ペーパリー
→ MAP P199-B3

### おしゃれステーショナリーの宝庫
センス抜群のペーパーブティック。紹介しているのはすべてオリジナルブランド「ブラッドリー＆リリー」。グリーティングカードやステーショナリーなど、日常のふとした瞬間にアロハを感じる素敵なアイテムが揃います。

1016 Kapahulu Ave.　744-8746
月～土9:00～16:00　CLOSE 日

*Made with Aloha*

アロハな小物たち

取材中、いろんなお店で見かけたアロハアイテム。もともと作る予定のなかったページなのですが、あまりにかわいいので無視できず作ってしまいました（笑）。どれも日常で使えるものばかり。日本に連れて帰りましょう。

Shopping
アロハな小物たち

15 アロハ・クリア・ファイルは1枚$3.98

10 「Mahalo」などのミニ・カードは各$1.80

16 ハワイ柄バンドエイド 21枚入りで$4.99

14 パイナップル・パラカのネクタイ($65)

11 箔押しの二つ折りカードは6セットで$12

17 ハワイ限定柄のマスキングテープ(各$3.80)

13 日焼けスヌーピーの大型トート($95)

12 柄がかわいいミニノートブック(各$4)

---

**15-17**

## Shabby Room
シャビー・ルーム
→ MAP P201-B2

### アロハな小物のワンダーランド

牛角が入るのワツムルビル2階にある雑貨屋。ありそうでなかったアロハ柄のクリアファイルは、職場や学校でのバラまきみやげに最適。ここで紹介しているファイルやマスキングテープは、ほかにもバリエーションあり。

🏠 307 Lewers St. #201　☎ 922-3541
🕐 月〜土11:00〜20:00　CLOSE 日

**13**

## Moni Honolulu
モニ・ホノルル
→ MAP P201-B1

### 日焼けスヌーピーはかわいさ健在

日焼けスヌーピーのぬいぐるみ($40)は、息子の大のお気に入り。嫁はスモールサイズのクラッチバッグ($40)、僕はミニノート($19)、家族みんなで使っています(笑)。シェラトンとモアナ サーフライダーにも店舗あり。

🏠 2131 Kalakaua Ave.　☎ 926-9006　🕐 10:00〜22:00
CLOSE なし

ひとりごと 直球かわいいものから大人シックなものまで、「アロハな小物」と言ってもさまざま。苦手な男性もいるかもですが、8番や14番はとても使いやすいです

# The Laylow Giftshop

ザ・レイロウ・ギフトショップ
→ MAP P201-A3

## モンステラ柄が
## トレードマーク

ホテルグッズで一番好きなのがレイロウ。トロピカルテイストだけどザ・ハワイって感じでもなく、ハワイ好きのわかる人にだけわかるデザインがちょうどいい。サンダルもピンクとネイビーの2色あって好みで選べます。

バスタオル $30
ウォーターボトル $34
パナマハット $118
ビーチサンダル $25

🏨 ザ レイロウ オートグラフコレクション2階　📞 922-6600（ホテル直通）　🕐 10:00～18:00　CLOSE なし

＼ホテルはこちら／
ザ レイロウ オートグラフ コレクション → P181

私物の傘($90)、持って帰るのが大変でした（笑）。今のところ誰ともかぶりません!

# いいホテルには、いいグッズ
## *Produced by Hotel*

ショッピングセンターでの買い物もいいけど、ホテル内のブティックも実に捨てがたい! リゾートのコンセプトが映し出されたオリジナルグッズは、どれもここでしか手に入らないレアものばかり。ハワイ通へのおみやげにも最適です。

＼ホテルはこちら／
## 星野リゾート
## サーフジャック ハワイ
→ MAP P201-A2

### 便利なレトロ・ブティックホテル

1960年代のミッドセンチュリー・ハワイを随所に感じるホテル。クールな音楽が流れるプールサイド、ダイニングやショップもセンス抜群で、ビーチやショッピングエリアも徒歩圏。

🏨 412 Lewers St.　📞 923-8882　🌐 surfjack.jp　日本での問い合わせ先：0570-073-022(星野リゾート予約センター)

オリジナルのTシャツ($40)、缶バッジ($2)。ほか、セレクトアイテムもセンス抜群

**Olive & Oliver**
オリーブ＆オリバー
→ P142

右のトートバッグはホテル宿泊者の部屋にも置かれており、滞在中自由に使うことが可能

Shopping いいホテルには、いいグッズ

左からバスローブ（$165）、2019年に登場したバニーちゃん（$24）、パイナップルの絵が入ったワッフルバッグ（$16）、「アンティカ・ファルマシスタ」とコラボした限定ディフューザー（$85）。濃厚なお花の香り

## Accents The Royal Hawaiian
アクセンツ・ザ・ロイヤル・ハワイアン
→ MAP P201-C3

### ピンクパレスの世界観を持ち帰る

ロイヤル ハワイアン ホテルのファンは垂涎。ピンク色をモチーフにしたかわいいグッズがところ狭しと並んでいます。おすすめは写真左上のフレッテ社のバスローブ。部屋の中に置いてあるものと一緒で、着心地抜群です！

🏨 ロイヤル ハワイアン ラグジュアリー コレクション リゾート1階 ☎924-9599 ⏰7:00〜22:00（要確認）CLOSE なし

＼ホテルはこちら／
ロイヤル ハワイアン ラグジュアリー コレクション リゾート → P172

As to Disney artwork logos and properties ©Disney

## Hale Manu
ハレ・マヌ
→ MAP P195-D1

### 大人かわいいリゾートウェア

狙うは上質なアロハシャツやリゾートワンピ。もちろん、よく見るとさりげなくキャラクターがいて目がハート。

## Kalepa's Store
カレパ・ストア
→ MAP P195-D1

### アウラニ限定のギフトや雑貨が揃う

ジェネラルストアを模した店内には、ミッキー型のクッキー（$30）やマグカップ（$20）などみやげが勢揃い。

左からトミーバハマとのコラボシャツ（$130）、トリ・リチャードのワンピース（$85）、ミッキー型のクッキー（$30）、マグ（$20）

🏨 アウラニ・ディズニー・リゾート & スパ1階 ☎674-6200（ホテル直通）⏰7:00〜23:00（カレパ・ストア）7:00〜22:00（ハレ・マヌ）CLOSE なし

＼ホテルはこちら／
アウラニ・ディズニー・リゾート & スパ コオリナ・ハワイ → P183

ひとりごと モダン・ホノルルのショップで売っているプルメリアのルーム・スプレー（$35）も好き。ホテルに入った瞬間のあの香りを持ち帰ることができます

## WHOLE FOODS MARKET QUEEN

### 1 デリコーナーを活用して ヘルシー＆エコノミー！

量り売りの箱に好きな総菜を詰め込むスタイル。炭水化物多めのハワイでうれしい存在。イート・イン・スペースもあり。

### 2 ハワイ産フルーツで ビタミンチャージ

ビタミン不足になりがちな旅先。僕はピクニック用か翌日の朝ごはん用に、カットフルーツを買って帰ります。

ドレッシングや調味料をかけるのを忘れずに

色とりどりの果物が整然と並ぶ棚は爽快！

## Lucky We Live Hawaii
### 暮らすように旅する人の スーパーマーケット活用術

昔『スーパーマーケットマル得完全ガイド』という本を作ったこともあり、スーパーにはうるさいです（笑）。大事なのは何を買うかよりも、どう使うか。目的がはっきりすると、行くべきスーパーもおのずと決まってきます。

### 3 日本のよりも"効く" サプリメントをまとめ買い

日本では販売していない成分強めのサプリメントを購入。安価で安心なプライベートブランド「365」を選びます。

（左）眠りの質を高める液状メラトニン$6.99 （右）マルチ・ビタミングミは$19.99

Shopping ▽▽▽ スーパーマーケット活用術

## 4

### ハワイで使えるアメニティ、そのまま自分のおみやげに

たまにセール価格のジョンマスター（左2本）が狙い目。現地で購入し、使ったあとはそのまま自宅用にお持ち帰り。

1 セージが香る天然精油の自然派ソープ $7.24
2 ココナッツライムが香るリップクリーム $4.29
3 ローカル産リーフセーフの日焼け止め $23.99
4 よく買うSeaweedのボディウォッシュ $15.99
5 ハニー&ハイビスカスのトリートメント $32.99
6 コンディショナー入りのシャンプー $20.99

エコバッグやポーチももちろん欠かせない！

## 5

### 部屋で食べる朝ごはんもホールフーズなら贅沢に

部屋に冷蔵庫があるなら、朝ごはんの買い出しもしてしまうのがおすすめ。特にヨーグルトの種類は圧巻です。

1 Chobaniのグリークヨーグルトは鉄板チョイス
2 LAVVAのヨーグルトは植物ベースでヘルシー
3 ビタミン不足に欠かせないカットパイナップル
4 ワイマナロの珍しいコールドブリューコーヒー
5 デイリーフリーのアーモンドミルクはバニラ風味

## Whole Foods Market Queen

ホールフーズ・マーケット・クイーン店
→ MAP P202-C4

### オアフ島最大の店舗がオープン

カハラ、カイルアに続いてワードにオープン。オーガニック商品を扱う高級志向スーパー。日本じゃ通えない値段でも、ここは旅先。セレブ気分で買い物していいんです。トートバッグの品揃えも大変豊富（見りゃわかる？）。

🏠 388 Kamakee St. 📞 379-1800 🕐 7:00〜22:00 CLOSE なし

# Lucky We Live Hawaii
## 暮らすように旅する人の スーパーマーケット活用術

### DOWN TO EARTH KAKAAKO

1 ビオディナミ＆オーガニックのドライバナナ
2 ハニーコム（巣蜜）ははちみつより栄養価も高い

## 1 安全安心だからとついお菓子を買い過ぎる

グルテンフリー、低炭水化物、Non-GMOなど、健康に配慮したお菓子。ほかのスーパーとも全然違うラインアップです。

1 マウイ島生まれ、ベラビータのリップバーム
2 キャリーオンハワイの天然フェイシャルミスト

## 2 スタッフに相談して自然派コスメを見つける

オーガニックコスメやサプリの品揃えはオアフでも随一。地元産のものが欲しければ「LOCAL」表記の棚から選ぼう！

カカアコ店はイートインスペースも広々です

## 3 ビーガンやスムージー、カラダに優しいデリ

総菜・サラダだけでなく、アジアンフードやピザ＆サンドイッチコーナーまである充実デリ。ビーガンメニューが中心です。

# Down to Earth Kakaako
ダウン・トゥ・アース・カカアコ店
→ MAP P203-C3

### ホールフーズをしのぐ人気と勢い

カカアコのソルトから徒歩圏内に誕生。キング通り店はコアなビーガン向けスーパーの印象でしたが、ここは観光客も入りやすく、気軽にデリが使え、おみやげも探せます。唯一の欠点は、お酒が売ってないことくらいか（笑）。

500 Keawe St. 465-2512
6:30〜22:00 CLOSE なし

Shopping ››› スーパーマーケット活用術

TARGET ALA MOANA

## 1 かわいくてお買い得、子供の普段着を爆買い

ターゲットといえば安くてかわいい子供服。ハロウィンやクリスマスなど季節限定アイテムの充実もさすがアメリカ。

子供服コーナーを回る際はカートが必須です

## 2 カラフルでプチプラな日用品とおもちゃ狙い

日本での日常生活で使いたくなる食器類、ハワイですぐ役立つビーチグッズなど、お宝がいっぱい。しかも安い！

1 ピクニックやBBQに便利な使い捨て紙皿
2 携帯に便利なTideのペン型シミ抜き$7.49
3 買ってもお得なシュノーケリングセット$33.99
4 カラフルなバスタオルも$11.99で購入可能
5 携帯用のプラスチックカップ、3個で$5
6 スタバのカップ($19.95)、店舗より安く買える
7 バラまきみやげ用にミニ袋とカードを別々購入
8 パイナップル型の塩＆胡椒シェイカー$8.99
9 おもちゃのウクレレ($16.99)、部屋飾りにどう？
10 0歳児から遊べる子供用玩具もたくさん揃う
11 使い捨てカトラリー。日本でのホムパ用に

### Target Ala Moana
ターゲット・アラモアナ店
→ MAP P202-C5

### 薬から家電まで、何でも揃う

かわいくて、何でも揃って、しかも安い。スーパーマーケットのお手本のようなターゲット。アメリカでの立ち位置は「やや高級」ですが、あくまで日用使いとしてであり、日本へのおみやげを探すには手頃で最高です。

アラモアナセンター 2階・3階　206-7162
8:00～23:00　CLOSE なし

 もっと安く買い物したければアラモアナの「ウォルマート」や「ドン・キホーテ」がおすすめ。僕もよく行きます

157

# ABC？それともD？
# ハワイのコンビニは
# こう使ってます！

*Convenience Store*

**DEAN & DELUCA**

### 1 並んでも欲しい限定トート

**1** ブルートート（小）$29
**2** こちらが数量限定ハイビスカス柄（小）$36

早朝ディーン＆デルーカにできる行列はこれ目当て。ハイビスカス柄も大サイズ（$75）は並ばずに購入できます。

洗練されたハワイみやげを探すならこちら

### 3 エコかわいいアイテムを購入

プラスチックごみを少しでも減らし海洋汚染を防ぐ、こんなおみやげはいかが？ すべてはこの美しい島のため！

**DEAN & DELUCA**
ディーン＆デルーカ
→P104

**1** 2色展開のウォーターボトル$29
**2&3** 防菌に優れた蜜蝋ラップ（$44）ラップフィルムの代わりに使います

### 2 ローカルグルメをまとめて仕入れる

メイド・イン・ハワイのなかから、実際に僕が買っていて「これはおいしい！」と思ったものを厳選リストアップ！

**1** アワード受賞歴もあるミランダ農園の高級カウコーヒー$36 **2** 最高ランクのキアヴェ・ハニー$14 **3** タロパンケーキミックス$11。袋は小物入れにも **4** ハワイ産パイナップルチップス$8

*Shopping* ／ ハワイのコンビニ

## ABCストア38号店

高級志向のディーン＆デルーカと、庶民派のABCストア。僕の使い分けは、ハワイ通へのおみやげ探しには前者、とりあえず数を揃えるなら後者（笑）。どちらもここで紹介している店舗がいちばんみやげの品揃えが豊富です。

### 1 バラまきみやげを大量購入

ハワイらしいみやげが安価で見つかる。1番のチョコは包装の箱がアロハシャツに変身するかわいいパッケージ。

**1** マカダミアナッツチョコ **2** プリッツのコナコーヒー味は大好物 **3** チョコボールの限定パイナップル味 **4** 水に溶けるだけのロコモコソースミックス

ワイキキのいたるところに店舗があり便利！

### 3 アロハな小物をらくらくゲット

コテコテのアロハみやげの宝庫。下のフラガールの栓抜きはレトロかわいくて、ホムパで出すとおしゃれかも。

**ABCストア38号店**
→ P107

**1** 日焼けドラえもんの弁当バッグ $19.99 **2** フラガールの栓抜き $7.99

### 2 ミニサイズコスメを調達

上の3点はおみやげ向きだけど、ほかにも現地で使えるトラベルサイズのシャンプーや風邪薬なども揃っています。

**1** 日本でも人気Marvisの歯磨き粉 **2** ハワイらしい香りのハンドクリーム **3** 保湿＆リフレッシュにココナッツとアロエのフェイスマスク

ひとりごと ディーン＆デルーカは、こちらの店舗のほうがみやげ物の種類豊富。リッツ店はデリが充実しています（ただしリッツ店限定トートもある！）

# Gourmet Souvenir

## 「実はこれ！」有名店御用達のグルメみやげ

パイナップル型のクッキーが定番（僕も大好き笑）ですが、ハワイの味覚はそれだけじゃありません。ここではちょっと差がつくおいしいおみやげを紹介。有名店御用達であることを、さりげなく伝えるのがポイントです（笑）。

### アナホラ・グラノーラの
**オリジナル**
**$8.29**
→ ホールフーズ・マーケット（P154）で購入

カウアイ島生まれの手作りグラノーラ。オーツ麦やくるみ、ココナッツ、ハワイアンハニーなどの本来の香ばしさと甘さを感じられます。

**「実はこれ！」**

→ ザ・ベランダ（P80）の
アサイボウルで使用

### ビッグアイランド・コーヒー・ロースターズの
**カウ・モーニング・グローリー**
**$30**
→ ディーン＆デルーカ（P104）で購入

有名カフェで採用されるコーヒー豆。こちらはミディアムローストなので、もっと深煎り好きの人は「カウ・ダークウッド」がおすすめ。

**「実はこれ！」**

→ モーニング・グラス・コーヒー（P87）の
「ハワイアン・コーヒー・オブ・ザ・デイ」

### オールド・ラハイナの
**ダークラム**
**$25.99**
→ フードランド・ファームズ（P118）で購入

すべてハンドメイドゆえ生産量の少ない希少ラム。有名バーのマイタイにも使用され、ウェブにもレシピあり（⌂ oldlahainarum.com）。

**「実はこれ！」**

→ マイタイ バー（P128）の
ロイヤルマイタイで使用

### マウイ・ワインの
**ロケラニ**
**$28**
→ フードランド・ファームズ（P118）で購入

マウイ島で生産されたブドウを使ったスパークリング・ロゼ。辛口だけどフルーティ。「ハワイ産ワイン」という意外性を楽しんで！

**「実はこれ！」**

→ パリ・ハワイ（P124）の
ワインペアリングで
オンリスト

## まだまだあります。My殿堂入りのグルメみやげ

焼くとこうなる！

左：ピンクパレス・パンケーキミックス(大) $20
右：ココナッツ・ショートブレッド・クッキー $8
→ ロイヤル ハワイアン ベーカリー (P107) で購入

ピンク色のパンケーキは実際にサーフ ラナイ (→P80) で提供しているメニュー。どちらもピンク色の包装がかわいくて贈り物に最適。

アイカネ・プランテーションのカウコーヒー $28
→ KCCファーマーズ・マーケット (P34) で購入

なくなるたびに買い足すカウコーヒー。僕の中でハワイ産コーヒーの概念を変えた運命の一杯。少し高いけど、その価値は十分あります。

左：レイズ・ハワイのガーリックシュリンプ・ポップコーン $8
右：スウィート・ブラウン・ハワイ・キャラメル $7
→ サブライムで購入

ありそうでなかった菓子おみやげ。ポップコーンは瓶ビールと、キャラメルはコーヒー豆と、セットにしておみやげにするのも粋。

左：波花 $42.75
右：バンザイ・ストロング $46
→ ハワイアン焼酎カンパニー (P166) で購入

ハワイ産のイモで作った焼酎。森伊蔵酒造と同じ「かめ壺仕込み」という技法で生産しており、手間がかかるぶん、非常にまろやか！

紅茶オリジナルプチ缶セット $38
→ ルピシアで購入

6つのハワイ限定フレーバーが入った紅茶セット。単品でも購入可。ライチが香る「アネラ」とマンゴーの「フアキ」がお気に入り。

パッション・フルーツ・ショートブレッド $9.95
→ ビッグ・アイランド・デライツで購入

サウスショア・マーケットにある知られざるクッキー屋。オアフ島唯一の店舗で、値段は安いけど味は確か。ブレッド自体は少し固め。

左：エスプレッソバー
中央：ホワイトチョコレート・ウィズ・タンジェリンピール
右：ミルクチョコレート 各 $8
→ マリエカイ・チョコレートで購入

ノースショアの無農薬カカオから作ったチョコレート。一番人気は右端のミルク味。サンフランシスコでのコンテストで優勝経験のある実力派。

---

### Lupicia
ルピシア
→ MAP P202-C5
**コーヒーより紅茶派の方はこちら**
ルピシア自体は日本にもありますが、アラモアナの店舗で買えるハワイ限定品がおすすめ。パケもとてもかわいい！
アラモアナセンター 1階
941-5510 9:30〜21:00 (日10:00〜19:00) CLOSE なし

### Big Island Delights
ビッグアイランド・デライツ
→ MAP P202-C5
**有名ではないけどそこがいいんです**
1996年創業、ハワイ島のヒロにある小規模家族経営のクッキー屋。他の有名クッキーに飽きた方はぜひトライを！
サウス・ショア・マーケット内、1170 Auahi St. 597-9131 10:00〜20:00 (金土〜21:00、日〜18:00) CLOSE なし

### Malie Kai Chocolates
マリエカイ・チョコレート
→ MAP P201-B2
**ハワイ産カカオによる高品質チョコレート**
ファーマーズマーケット発、今ではオアフ島を代表する人気みやげ。トートバッグも行列ができるほどの人気(→P167)。
ロイヤル・ハワイアン・センター B館1階 922-9060 10:00〜22:00 CLOSE なし

### Sublime
サブライム
→ MAP P201-B2
**グルメみやげの品揃えはワイキキでも指折り**
話題のスーパーフードやCBD商品もワイキキのど真ん中で充実の品揃え。日本人スタッフの説明もあるので安心。
ワイキキ・ショッピング・プラザ内、2250 Kalakaua Ave. 922-1051 10:30〜21:30 CLOSE なし

# Hawaiian Artists
## 日本の部屋に、ハワイのアートを

今まで自分用に買った品で一番正解だったと思うのがアート作品。ハワイの大自然を描いた絵は、"アロハ感"を演出してくれるだけでなく、「また行きたいな」「よし、毎日がんばろう」と日々に活力をもたらしてくれる存在です。

## Greenroom Gallery Ala Moana
グリーンルーム・ギャラリー・アラモアナ店
→ MAP P202-C6

### コンセプトは「SAVE THE BEACH」

オリジナルのTシャツやキャップ、ヘブンリー・ミーやエミリー・ブルーのハンドメイドジュエリーなども販売。原画は数百ドルするけど、基本的にアートは一期一会。ビビッときたら買いどきです。ワイキキにも2店舗あり。

アラモアナセンター 2階　400-3523
9:30～21:00（日10:00～19:00）　CLOSE なし

アートプリント（原画を印刷したもの）は$40ほどから気軽に購入可能。ハンドメイドのウッドフレーム（$60～）に入れて壁に飾ろう！

Shopping ＞＞＞ 日本の部屋にハワイのアートを

ニックのイラストが入ったキャップは$30

### Nick Kuchar
フロリダ出身、ハワイ在住のニック・カッチャー。レトロなハワイがかわいらしい「トラベルマップシリーズ」が人気を集めている。

### Clark Little
ノースショア育ちのフォトグラファー。サーフスキルも高く、その技術と経験を活かしてハワイのショアブレイクを撮影し続けている。

### Kris Goto
日本・香港・NZでの生活を経て、ハワイへ移住したクリス・ゴトー。ポップでシュール、唯一無二な作風で、ほかとは一線を画す存在。

### Noa Emberson
マウイ島出身のノア・エンバーソン。グラフィックデザインの学士号を持ち、タイポグラフィやイラストなど多彩な表現方法をもつ。

### Jack Soren
2019年にライエのアート学校を卒業したばかりの若手芸術家ジャック・ソーレン。朝夕の空を連想させるピンクの色彩が印象的。

### Heather Brown
ズバ抜けた知名度を誇るヘザー・ブラウン。ステンドグラスのように美しく、色鮮やかで力強いタッチはハワイの大自然と相性抜群。

アロハ・コレクションとヘザーのコラボトラベルポーチ$30

### Camille Izumi Page
カリフォルニアからカウアイ島へやってきたカミーユ・イズミ。水中や水面のシーンを油彩で躍動感豊かに描いた作品はどれも爽やか。

左から、ミニポーチ$35、アートプリント$40、iPhoneケース$42。すべてオリジナル

カイルア在住、ローレン・ロスのギャラリーも注目！

水彩やアクリル、ペイントマーカーなどを組み合わせた芸術手法で、ノードストロームやレスポートサックなどとの数々のコラボを実現

## Lauren Roth Art Boutique
ローレン・ロス・アート・ブティック
→ MAP P204-C2

### カラフルなハワイの自然を描く
ホールフーズ専属デザイナーとして活躍した後に独立。2018年にこちらをオープン。店頭に本人がいたらラッキー。サインを入れてもらおう！

131 Hekili St. Kailua　439-1993
10:00〜18:00（日9:00〜17:00）　CLOSE なし

ひとりごと 一度覚えるといろいろな場所で作品に気づきます。例えばターゲット（→P157）やヤヤズ（→P126）で壁面アートを描いているのはクリス・ゴトーです

## Hawaiian Cosmetics

### 肌にいいのもやっぱり ハワイアンコスメ

ハワイのコスメも、もちろんローカルファーストがおすすめ。ハワイ島生まれのオラ、ネイティブハワイアンが立ち上げたママラニ、カハラホテルのスパでも採用されているオオ・ハワイ、VOGUE誌でも特集されアメリカで人気のハナレイなど、どれも天然由来素材で実力派揃い。

### ハワイ産コスメ、今注目のブランドはこちら！

ハワイで採取される野生植物原料や海洋深層水はコスメの原料として世界中から注目を浴びる存在。今、売れ筋＆注目の商品はこちら。

万能保湿クリームとして活躍するローション＆リップバーム $16

100％ナチュラルで全身に使えるママラニのボディパウダー $22

ククイナッツやマカダミアナッツから作られたマッサージオイル $38

薬用植物で作られたロミ・バーム $27 は、筋肉や関節の痛みを緩和

保湿や修復作用のあるククイナッツオイル配合リップスクラブ $25

潤い、そして艶も出ると評判のハナレイのリップトリートメント $20

メイク落としや老廃物の除去で素顔を生き返らせるバードバス $65

シミ対策に効果抜群。オオ・ハワイのゴールデン・ネクター $98

フェイスケア用、オラのプア・セラム $67。もちろん自然由来成分

### Island Beauty
アイランド・ビューティ
→ MAP P201-B2

**メイド・イン・ハワイが集結**

ハワイ産ナチュラルコスメが充実。日本では手に入らない（入ったとしても高価）ラインアップなので、あれもこれも購入したくなってしまいます。他にもラニカイ・バス＆ボディの石鹸やリトルハンズハワイの日焼け止めも置いています。

Tギャラリア ハワイ by DFS1階
931-2700（代表）
9:30〜23:00
CLOSE なし

## 有名ブランドとの ハワイ限定コラボも！

ジョン・マスターのハワイアン・カクテル・リップも限定品 $8

キールズ・ウルトラ・フェイシャル・クリーム（限定デザイン）$50

### T Galleria by DFS
ティー・ギャラリア・バイ・ディーエフエス
→ MAP P201-B2

**各国の人気コスメが勢揃い**

1、2階にさまざまな化粧品ブランドが並ぶTギャラリア。「日本で買うより安い」も立派な購入理由ですが、ここでは有名ブランドが出している「ハワイ限定コラボ」を紹介。箱が違うだけでもかわいくておみやげにぴったり。

330 Royal Hawaiian Ave.
931-2700　9:30〜23:00　CLOSE なし

キールズのロングセラー美白美容液もハワイ限定パッケージ $133

南仏産ロクシタンのドライスキン・ハンドクリームは2本で $50

## バラまき用コスメを探すなら

以下はハワイ産や限定ではないけど、香りやパッケージがハワイ感満点。保湿パックやトラベルサイズの商品は、バラまきにもぴったり。

### Sephora
セフォラ
→ MAP P201-B2

**「日本未発売」を買うなら**

フランス発の化粧品・香水専門店。高級からプチプラまで、日本未発売商品は多く揃います。オアフ島にはカラカウア通りとアラモアナセンター、パールリッジにも店舗あり。

ワイキキ・ショッピング・プラザ内、2250 Kalakaua Ave.　923-3301　10:00〜23:00　CLOSE なし

日焼けケア用の首＆顔用シートマスク $5 は爽やかなスイカの香り

南国らしいココナッツ、パイナップル、ライチのフェイスマスク $6

なんとアサイ・スムージーの香り。顔に塗るタイプのマスクは $7

ひとりごと　ロイヤル ハワイアン ホテルやアラモアナセンターに入っているマリエ・オーガニクス(→P149)も、もちろんハワイを代表するオーガニックコスメ

# DEEP TECHNIQUES Shopping
## ちょっとマニアックなテクニック

ディスカウントのためのテクニックから、曜日限定のショッピング、ハワイおたくにしか通じない希少でマニアックなみやげまで、ハワイのお買い物の世界もやはり奥が深い！

### Sig On Smith
シグ・オン・スミス
→ MAP P203-B1

金曜日しか開かない
アロハシャツの名店

ハワイ島生まれの高級アロハシャツブランド「シグ・ゼン」の姉妹店。金曜しか開かずひとつのデザインの生産量も非常に少ないので、パーティなどで圧倒的な存在感を醸し出せます。

🏠 1018 Smith St.
📞 524-0071
🕐 金10:00～18:00
CLOSE 土～木

### ハワイアン焼酎カンパニー

数量限定、完全予約制の
幻の焼酎「波花」

JALのファーストクラスや高級レストラン「アラン・ウォンズ」などで提供されている、生産数わずか3000本の芋焼酎（$42.75）。年に2回（8月＆2月頃）、以下のブログで予約方法を発表。

🏠 非公開
🌐 kaloimo.exblog.jp

### Nordstrom Rack Waikiki
ノードストローム・ラック・ワイキキ店
→ MAP P201-A3

元靴専門デパートの
ディスカウントストア

数あるディスカウントストアでも、僕が気に入っているのはノードストローム・ラック。特にスニーカーや革靴など靴類の品揃え抜群。時計やサングラスも掘り出し物があります。

🏠 2255 Kuhio Ave.
📞 275-2555
🕐 10:00～22:00（日～20:00）
CLOSE なし

### Target
ターゲット
→ P157

折りたたみチェアがあれば
どこでも特等席に

レンタカーの人にすすめたいのが、折りたたみチェアの購入。ひとつ$15程度で、絶景を見つけたと思ったら自分だけの特等席を作れちゃう。写真はダイヤモンドヘッド・ビーチパーク。

ひとりごと ハワイアン焼酎カンパニーには、バンザイストロング（$46）という原酒を熟成させた芋焼酎もあり、こちらの生産本数はたった300本、激レア！

Shopping ▽▽▽ マニアックなテクニック

### Malie Kai Chocolates
マリエカイ・チョコレート
→P161

**行列ができるトートバッグ ネクストはマリエカイ**

チョコレートの名店で、購入するのに行列ができるレギュラーサイズトート（$25.95）。33×21×10cmで、お弁当などを持ち運ぶのにちょうどいい大きさ。販売開始時間はお店でチェックしてみて。

### ハワイ金刀比羅神社・太宰府天満宮
→MAP P197-C1

**ハワイデザインのかわいいお守りはここで**

カリヒのパラマ地区にある日本人移民が建立した神社。星条旗やハイビスカス、イルカやウミガメなどが描かれたかわいいお守り（$8）が手に入る。大晦日や正月には初詣もおすすめ。

🏠 1239 Olomea St.
☎ 841-4755
🕒 8:30～16:00
CLOSE なし

### Ross Dress For Less
ロス・ドレス・フォー・レス・ワイキキ店
→MAP P201-B2

**ロス・ドレスで買い物してワイキキの駐車場が2時間無料**

ワイキキで駐車場を探すときに便利なテクニック。このロスのレシート（$3の飲み物などでもOK）があれば、隣のワイキキ・パーキング・ガレージが2時間分（通常は$12）無料に！

🏠 333 Seaside Ave.　☎ 922-2984　🕒 7:00～25:00（金土6:30～）　CLOSE なし

### Foodland Farms
フードランド・ファームズ
→P118

**フードランドのレジでは会員割引の申告を忘れずに！**

英語が苦手な人でも絶対忘れないでほしいテクニック。レジで購入する際、「I'd like to be a member」と伝え、電話番号（日本の携帯でOK）を伝えれば、誰でも黄色の割引価格で購入できます。

### Aloha Studium Swap Meet
アロハ・スタジアム・スワップ・ミート
→MAP P194-C4

**何でも安いスワップ・ミートスタジアムツアーもあり！**

ハワイ版フリーマーケット。プロの出店も多く、おみやげ系が安く手に入ります。掘り出し物を探すのは苦労しますが、ライオンコーヒーのカウが$8で買えたこともありました。

🏠 99-500 Salt Lake Blvd.
🕒 水　土　日8:00～15:00
CLOSE 月火木金
🌐 www.alohastadiumswapmeet.net/content/home.aspx

### Daiso Ala Moana
ダイソー・アラモアナ店
→MAP P202-A4

**ダイソーのハワイ限定エコバッグがかわいい！**

日本のダイソーがハワイでも大人気。モンステラ柄のダイソー・バッグは丈夫でかわいくて$1.50。売り切れがちですが、再入荷したらインスタ（@daiso_hawaii）にアップされます。

🏠 1024 Piikoi St.
☎ 593-4444
🕒 9:00～20:00（日～19:00）
CLOSE なし

167

# Hotel

## 知って納得、いいホテル

オアフ島の主要ホテルはほぼすべて泊まってきた。値段が高ければいいというものではなく、大切なのはそのときの滞在スタイルと合致するかどうかだ。ただし、ハワイでは「ホテル＝歴史の証人」という側面がある。御三家といわれる名門ホテルや、ワイキキ外の高級リゾートについては、知識として知っておいたほうがハワイを楽しめる。いつか泊まる日を妄想しながら、楽しんで読んでみてもらいたい。

シェラトン・ワイキキのオーシャン・フロントの部屋から見下ろしたプール＆ビーチ

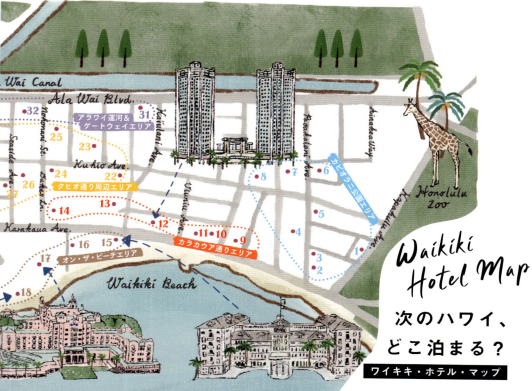

# Waikiki Hotel Map

## 次のハワイ、どこ泊まる？
ワイキキ・ホテル・マップ

ハワイのホテルはエリア選びもとても大切。ここでは大きく7エリアに分けて、その特色を紹介しています。この分類だとエリアごとに"ピンキリ"は意外と少なくて、似たような目的や予算感のホテルが集まっているので、どこに泊まるか検討中の際にお役に立てばとてもうれしいです。

### カラカウア通りエリア

買い物とビーチ、この2点を重視する人にはおすすめ。パレードなどで通りが閉鎖することが多いので、車利用の人には向かないかも。

- 9 アロヒラニ リゾート ワイキキ ビーチ ➡ P177
- 10 アストン・ワイキキ・サークル
- 11 エスパシオ・ザ・ジュエル・オブ・ワイキキ
- 12 ハイアット・リージェンシー・ワイキキビーチ・リゾート&スパ
- 13 シェラトン・プリンセス・カイウラニ
- 14 ワイキキ・ビーチコマー・バイ・アウトリガー ➡ P181

### オン・ザ・ビーチエリア

最高級エリア。6つのホテルとひとつのコンドミニアムはどれも特徴豊かで、好みで選ぶのも楽しい。部屋代も駐車場代も高いのが難点。

- 15 モアナ サーフライダー ウェスティン リゾート&スパ ➡ P174
- 16 アウトリガー・ワイキキ・ビーチ・リゾート ➡ P177
- 17 ロイヤル ハワイアン ラグジュアリー コレクション リゾート ➡ P172
- 18 シェラトン・ワイキキ ➡ P176
- 19 ハレクラニ ➡ P175
- 20 アウトリガー・リーフ・ワイキキ・ビーチ・リゾート
- 21 ワイキキ・ショア・バイ・アウトリガー ➡ P179

### カピオラニ公園エリア

中心から離れるため安めなホテルが多いですが、公園やビーチ、動物園にも行きやすく、特に家族連れやレンタカー組におすすめ。

- 1 クイーン カピオラニ ホテル ➡ P181
- 2 アストン・ワイキキ・ビーチ・ホテル
- 3 ホテル・リニュー
- 4 ワイキキ・ビーチ・マリオット・リゾート&スパ
- 5 ハイアット・プレイス・ワイキキ・ビーチ
- 6 アストン・ワイキキ・サンセット
- 7 アストン・アット・ザ・ワイキキ・バニアン ➡ P179
- 8 ヒルトン・ワイキキ・ビーチ

170

Hotels ワイキキ・ホテル・マップ

### ビーチウォーク〜ラグジュアリー・ロウエリア

オン・ザ・ビーチに次ぐ高級エリアで、高層コンドミニアムも多い。ただしブレイカーズだけは低層でレトロ感あふれる異色の存在。

- 36 ハレプナ・ワイキキ・バイ・ハレクラニ
- 37 エンバシー・スイーツ・バイ・ヒルトン・ワイキキ・ビーチウォーク
- 38 トランプ・インターナショナル・ホテル・ワイキキ ➡P178
- 39 ザ・ブレイカーズ
- 40 ザ・リッツ・カールトン・レジデンス ワイキキビーチ ➡P179

### ヒルトン〜アラモアナエリア

ヒルトン以西はビーチではなくハーバービューですが、開放感は抜群。アラモアナまで徒歩圏はメリットですが、ワイキキ中心へは遠いです。

- 41 ヒルトン・ハワイアン・ビレッジ・ワイキキ・ビーチ・リゾート ➡P177
- 42 イリカイ・ホテル&ラグジュアリー・スイーツ
- 43 ザ・モダン・ホノルル
- 44 プリンス・ワイキキ ➡P177
- 45 アラモアナ・ホテル・バイ・マントラ

### クヒオ通り周辺エリア

全部ではないもののリノベーションで脚光を浴びたデザインホテルが多く、買い物にも便利でコスパも良好。ただしビーチビューは断念。

- 22 オハナ・ワイキキ・イースト・バイ・アウトリガー
- 23 ヒルトン・ガーデン・イン・ワイキキビーチ
- 24 ザ レイロウ オートグラフ コレクション ➡P181
- 25 ホワイト・サンズ・ホテル
- 26 ハイアット・セントリック・ワイキキビーチ
- 27 ショアライン・ホテル
- 28 オハナ・ワイキキ・マリア・バイ・アウトリガー
- 29 コートヤード・バイ・マリオット・ワイキキビーチ
- 30 星野リゾート サーフジャック ハワイ ➡P152

### アラワイ運河&ゲートウェイエリア

リーズナブルなホテルが揃うが、運河側の部屋は夜景のビューがとてもきれい。暗くなってからは、少しだけ治安面で不安もあります。

- 31 ワイキキ・サンド・ヴィラ
- 32 アクア・スカイライン・ホテル・アット・アイランド・コロニー
- 33 ココナッツ・ホテル
- 34 ホリデー・イン・エクスプレス・ワイキキ
- 35 アンバサダー・ホテル・ワイキキ

ひとりごと 僕は定宿を設けるタイプではないけれど、コスパで考えてクヒオ通りやヒルトン〜アラモアナエリアを選ぶことが多いです

(上)エレベーターホールにあるハワイ諸島の絵画。第2次世界大戦の戦火を免れた作品

# ホテルを知ると
# ハワイはもっと楽しい

*Hawaiian Hotels*

さまざまな"過ごし方"を提案してきましたが、ホテル選びは二の次かというと、そんなことはありません。"高級だから"ではなく、自分の理想に合った滞在先を見つけることで、最高のハワイ旅は完成します。

## #1
## *Historical Hotels*

### 歴史が刻まれた
### ハワイの御三家

ロイヤル ハワイアン ホテル、モアナ サーフライダー、ハレクラニ。ホテル御三家として知られ、どれも100年以上の歴史がある格調高いホテル。すぐに泊まらずとも、その魅力は知っておきたいところです。

毎日18:00になると
ベルタワーの鐘が鳴り響く

**船舶客に愛された本館か
全室絶景ビューの新館か**

何度も目にしているはずなのに、ついつい写真に収めてしまう美しさ。歴史をたどると、本館はもともと豪華客船の旅客がハワイで一時的に滞在するための宿泊施設で、長い航海で海を見飽きたゲストのために、美しく手入れした中庭ビューを多く用意した館(ヒストリック・ウィング)ですが、実はビーチ沿いにもかかわらず ガーデンビューの部屋が大半を占めています。一方で全室オーシャンフロント、ラナイ付きの新館(マイラニ・タワー)も魅力抜群。上から眺めるピンクのパラソルはワイキビーチに咲くブーゲンビリアのよう。どちらを選ぶかは、永遠の悩みです。

芝生の緑と、海と空の青、そしてピンクパラソル。ワイキキで最も美しい景色のひとつ

# The Royal Hawaiian, a Luxury Collection Resort

Hotels ＜＜＜ ハワイの御三家

旧館のベッド側の壁紙はさりげなくパイナップル！

イタリアのブランド、フレッテのバスローブ。
外がサッカー地、中がタオル地で着心地抜群

新館は全室ラナイ付き＆
このオーシャンビュー！

新館のゲストのみが入れるクラブラウンジ

**The Royal Hawaiian,
a Luxury Collection Resort**
ロイヤル ハワイアン ラグジュアリー コレクション リゾート
→ MAP P201-C3
2259 Kalakaua Ave. 923-7311 www.royal-hawaiian.jp

# Moana Surfrider, A Westin Resort and Spa

共に歴史を歩んできた
シンボルのバニヤンツリー

#1
Historical Hotels
歴史が刻まれた
ハワイの御三家

心身ともに元気になれる
Well-being（ウェルビーイング）

## ワイキキ最古のホテルで最新のウェルビーイング

1901年創業、その歴史にフォーカスされることが多いモアナサーフライダーですが、僕はあえてオアフ島唯一のウェスティン・ブランドとして提唱しているコンセプト「ウェルビーイング」を紹介。

イート・ウェル（健康的な食事）、スリープ・ウェル（心地よい眠り）、ムーブ・ウェル（軽快なアクティビティ）など6つのテーマは、ザ・ベランダ（→P80）での健康的な朝ごはんや、独自開発したヘブンリーベッド、毎朝7時からのヨガクラスなどに反映されています。ここに滞在するたびに元気になった気がするのは、目の前のビーチや、神聖なバニヤンツリーのおかげだけではないのです。

これは滞在前と後で、心身の状態がよりよくなって帰ってもらうことを目指した取り組み。

（右上）タワーウィングの部屋番号が「96」で終わるタワー・プレミア・オーシャンフロント・スイートは特別な日に泊まりたい部屋。偶数階はラナイのフェンスが鉄柵なのでさらに眺めがよい（上）旧館6階のテラスは誰でも出入り可能

**Moana Surfrider, A
Westin Resort and Spa**
モアナ サーフライダー ウェスティン リゾート＆スパ → MAP P201-B3
2365 Kalakaua Ave.　922-3111　http://www.moanasurfrider.jp

*Hawaiian Hotels*
ホテルを知ると
ハワイはもっと楽しい

Hotels ハワイの御三家

# Halekulani

ハレクラニの客室には「7色の白」が使われていた

(左)"7色の異なる白"で美しい陰影を表現した客室(上)ゲストへのウェルカム・チョコレート

## 宿泊してこそわかるハレクラニの真価

一歩足を踏み入れれば、ここがワイキキでも特別な場所だとすぐにわかるのがハレクラニのすごいところ。その空気感の正体は、ホテルとゲストが100年以上の時間をかけて共に築き上げてきた"格式"によるもの。ホテル内のレストランにあるドレスコードや年齢制限は、リピーターにとって心地のよい「ハレクラニのルール」で、僕もここに来ると背筋がピンとなり、いいゲストとして振る舞いたくなるから不思議です。実際宿泊すると、"ハワイ式極上おもてなし"には驚くばかり。客室に通されてのチェックイン手続きや、1日2回のベッドメイキング、夕方枕元に置かれるプレゼントなど、いたれり尽くせり。このホテルに泊まった人のほとんどがまた再訪したいと願うのも納得です。

プールは約25×14m。ワイキキでも屈指の広さ

ガラスタイルで描かれた「カトレアの大輪」

オーキッズ(写真、→P84)やラ・メール(→P125)など、どのレストランも格が高い

### Halekulani
ハレクラニ
→ MAP P201-C2

2199 Kalia Rd. ☎ 923-2311
halekulani.jp

ひとりごと 自分の結婚式のための渡航で滞在先に選んだのは前半モアナ サーフライダー、後半ハレクラニ。特別な日なので奮発しました。また泊まりたいなぁ

# Sheraton Waikiki

オン・ザ・ビーチ唯一の
インフィニティプール！

2019年に全客室
リノベーション実施！

オーシャン＆サンドカラーに改装され、よりオン・ザ・ビーチのホテルらしくなった客室

## #2
## High-End Hotels

### 選ぶ理由がある
### ハイエンドホテル

最高級といかなくても、いわゆる"高級ホテル"に泊まるなら、何か圧倒的なメリットを感じたい。オール4よりは、1個でもいいからどこにも負けない"5評価"のある尖ったホテルが、個人的には好みです。

### どの世代にも刺さる
### 絶対的な安心感！

最高の立地にインフィニティ・エッジ・プールを備え、ビューも素晴らしいシェラトン・ワイキキ。リノベーション後は、全室に化粧台や深めのバスタブ、ウォシュレットが備わる予定で、あえて採点するならオール4・5！そんなシェラトンが、どこにも負けない強みは「万が一の時の安心感」です。ホテル内にはコンビニの「ローソン」や、体調不良時に駆け込める「ドクターズ・オン・コール」、託児可能なキッズルーム「ポピンズ・ケイキ・ハワイ」などが勢揃い。海外に不慣れな人にも、世代を問わずおすすめできるホテルです。

**Sheraton Waikiki**
シェラトン・ワイキキ → MAP P201-B2
2255 Kalakaua Ave.
922-4422　sheratonwaikiki.jp

*Hawaiian Hotels*
ホテルを知ると
ハワイはもっと楽しい

Hotels ハイエンドホテル

## *Alohilani Resort Waikiki Beach*
アロヒラニ リゾート ワイキキ ビーチ
→ MAP P200-B5

### 今ワイキキで最も
### センスがいいホテル

マリエやカイコーヒー、モリモト・アジアなど、テナントのセンス抜群。ポップアップも積極的で、吹き込む風に勢いを感じます。

🏠 2490 Kalakaua Ave. 📞 922-1233 🌐 jp.alohilaniresort.com

5年の歳月と125億円を費やした大改装で、一躍ハイエンドホテルの仲間入りを果たした

家族連れには圧倒的な安心感と便利さ

最高にチルなプールデッキとインフィニティプール

## *Hilton Hawaiian Village Waikiki Beach Resort*
ヒルトン・ハワイアン・ビレッジ・ワイキキ・ビーチ・リゾート
→ MAP P199-D2

### 子連れも遊びやすい
### ビーチ＆ラグーン

軟らかな白砂が敷かれた広めのビーチと、最新の水循環装置を備えた巨大な海水ラグーン。子供に安心なこの環境こそヒルトンの武器。

🏠 2005 Kalia Rd. 📞 949-4321 🌐 hiltonhawaiianvillage.jp

5つのタワー、2,860室から、予算や人数に合った部屋を選べるのもヒルトンならでは

## *Outrigger Waikiki Beach Resort*
アウトリガー・ワイキキ・ビーチ・リゾート
→ MAP P201-B3

### 古きよきハワイの雰囲気

地元ハワイのリゾートカンパニーが展開。宿泊者はサーフミニレッスンやレイ作りなど、"ハワイらしい"アクティビティが無料に。

🏠 2335 Kalakaua Ave.
📞 923-0711
🌐 jp.outriggerwaikiki.com

できればビーチフロントのクラブラウンジ「ボエジャー47」が利用できる部屋に泊まりたい

ワイキキで数少ない全室オーシャンフロント

6軒しかない貴重なオン・ザ・ビーチ

## *Prince Waikiki*
プリンス ワイキキ
→ MAP P202-C6

### 5階から見晴らし抜群！
### 絶対に入りたいプール

人気ウェブメディア『エリート・デイリー』で「世界のホテルプール・ベスト11」に選出。デッキのカバナで1日中のんびりしたい。

🏠 100 Holomoana St.
📞 956-1111
🌐 jp.princewaikiki.com

33階のツインタワーは全室オーシャンビュー。足元から天井まで一面窓で眺望も抜群

177 ざっくりだけど、子連れならヒルトンかシェラトン、若いカップルにはプリンスかアロヒラニ、シニアにはアウトリガーがおすすめです

# Trump International Hotel Waikiki

レジデンススタイルだから
全室ハイグレードキッチン

デラックス1ベッドルームはオーシャンビューのスイートタイプ。キッチンにはSub-ZeroやBoschなど高級家電ブランドがずらり

## #3
## Condominium Style

暮らすをかなえる
コンドミニアム

キッチンやダイニングがあるだけで、ハワイの過ごし方は劇的に変化。部屋飲み（→P120）やBBQ（→P118）もかない、「あ、これが憧れのハワイ暮らしか」と（笑）。スーパーに行くのもますます楽しくなります。

その快適さを知ったらホテルには戻れない？

立地、広さ、眺望、値段など総合的に判断すると、僕が一番おすすめするコンドミニアムはトランプ。深めの浴槽やウォシュレットはもちろん、スイートには洗濯乾燥機も付いていて、旅の荷物が少なくて済みます。またキッチンでは、電子レンジが大活躍。僕も実際トランプでは、レストランで残した料理をボックスに入れて持ち帰り、翌朝温め直して食べることが多いです（周辺においしい朝食の店も多いので、悩ましいのですが笑）。宿泊費は安くはないけど、このように節約につながる面もあるし、旅の快適さも増すので、抜群にコスパがよいと感じます。

子供用にぬいぐるみのプレゼントや、ベッドガード、任天堂Wiiの貸し出しなどもあります

大人顔負けの
キッズ用アメニティも

---

**Trump International Hotel Waikiki**
トランプ・インターナショナル・ホテル・ワイキキ
→ MAP P201-C1

223 Saratoga Rd. ☎ 683-7777 🌐 jp.trumphotels.com/waikiki
日本での問い合わせ先：03-5695-1770（株式会社ジェイバ）

*Hawaiian Hotels*
ホテルを知ると
ハワイはもっと楽しい

## Hotels コンドミニアム

リピーターに人気抜群
オン・ザ・ビーチ・コンド

### *Waikiki Shore by Outrigger*
ワイキキ・ショア・バイ・アウトリガー
→ MAP P201-C1

#### この立地で感動のコスパ

オン・ザ・ビーチで唯一のコンドミニアムタイプ。ワイキキ・ショアを管理している会社はほかにもあるが、アウトリガーで借りると、隣のホテルのプールが使えるメリットあり。

2161 Kalia Rd.　922-3871　jp.outrigger.com/hotels-resorts/hawaii/oahu/waikiki-shore-by-outrigger

建物自体は古いけど、そのぶん値段は抑えめ。一番安いスタジオタイプでも洗濯乾燥機付きなのはうれしい。最低宿泊日数は2泊からです

### *Aston at the Waikiki Banyan*
アストン・アット・ザ・ワイキキ・バニアン
→ MAP P200-A5

#### リピーターの定宿率高し

38階建てのツインタワー。客室はすべて1ベッドルームスイートで、広さ50m²以上。全室にフルキッチンとラナイが完備されている。ビーチまでも1ブロック、徒歩5分ほど。

201 Ohua Ave.　922-0555
aquaaston.jp/hotels/aston-at-the-waikiki-banyan

BBQ施設を完備
長期滞在もリーズナブル

BBQ（→P118）やテニスコート、子供向け遊具など、ホテルにはない施設も充実。活用できる人ならとてもお値打ちに感じるはず

最新＆最高級の設備で
快適さは圧倒的！

### *The Ritz-Carlton Residences Waikiki Beach*
ザ・リッツ・カールトン・レジデンス ワイキキビーチ
→ MAP P201-A1

#### 2018年完成のツインタワー

最新設備で快適なのはもちろん、スタッフの質やレストラン、ザ・リッツ・カールトン・スパ、全室オーシャンビューの設計など、リゾート気分を存分に楽しめるのが素晴らしい。

383 Kalaimoku St. Waikiki Beach　922-8111　ritzcarlton.com/jp/hotels/hawaii/waikiki

ビーチまで少し遠いが、それを補ってもあまりあるほど素晴らしいプール。1階にはディーン＆デルーカも入り利便性も高いです

ひとりごと　節約目的でコンドを検討するなら、Airbnb（→P184）でグレードを抑えたものを探そう。ただ清掃料がかかるため、長期でないと割高になることも

# Halepuna Waikiki by Halekulani

こちらのプールには
ヒルガオが浮かぶ！

## #4
## Renovation Hotels

**リノベホテルこそ
ハワイの旬！**

土地の少ないワイキキで、新たにホテルが建築されることはまれ。ニューオープンといっても基本はもともとあったホテルのリノベーションかリブランドです。ここでは劇的に生まれ変わったホテルを紹介します。

ハレクラニ色を強めて19年秋に大改修完了！

前身は「ワイキキ・パーク・ホテル」。立地のよさとアットホームな雰囲気でもともとお気に入りだったのですが、今回のリニューアルを経てさらに"ツボ"なホテルに。泉が湧き出る土地に由来する客室の壁のグラデーションや、カーペットに描かれた水紋など、水をテーマにしたデザインに統一。また、ハレクラニの姉妹ホテルであることを強調するために、ホテル名や表記フォントを揃え、ロゴにもお花（グンバイヒルガオ）を起用する徹底ぶり。ブランドイメージを統一したことで、ハレクラニファンからも愛される存在になりました。

（右上）8階屋外にあったプールはインフィニティエッジに
（左上）デラックス・オーシャンビューのラナイからは、眼下にハレクラニとワイキキビーチが

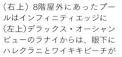

**Halepuna Waikiki by Halekulani**
ハレプナ ワイキキ バイ ハレクラニ
→ MAP P201-C2
2233 Helumoa Rd. ☎ 921-7272 ● halepuna.com/jp

*Hawaiian Hotels*
ホテルを知ると
ハワイはもっと楽しい

# Hotels

## リノベーションホテル

### The Laylow, Autographe Collection
ザ レイロウ オートグラフ コレクション
→ MAP P201-A3

**ここを選ぶ人は多分自宅もおしゃれ**

ハワイの1950年代とミッドセンチュリーの雰囲気がミックス。街なかゆえ眺望はないが、そのぶん買い物には便利。バー「ハイドアウト」はワイキキでも屈指のクールなルーフテラスバーです。

🏠 2299 Kuhio Ave.
📞 922-6600
🌐 layllowwaikiki.com/ja

モンステラ柄のグッズもかわいい！（→P152）

かわいさとカッコよさが同居するデザイン。フロントの壁にズラリと並ぶフラガール。大切なのはお金ではなくセンスなんだなぁ

---

### Queen Kapi'olani Hotel
クイーン カピオラニ ホテル
→ MAP P200-B6

**リノベ成功度ナンバーワン**

いい意味で"衝撃的"な大変身を遂げたカジュアルホテル。価格の魅力はそのままに、ロビーから客室までレトロシックなデザインで統一。デッキ（→P103）の雰囲気も最高です。

🏠 150 Kapahulu Ave. 📞 922-1941
🌐 jp.queenkapiolani.com

ダイヤモンドヘッドに手が届きそうな立地

お部屋指定は「ダイヤモンドヘッドビュー」でOK。このホテルならではの迫力を楽しみたい。公園やモンサラットが近い立地も魅力

---

### Waikiki Beachcomber By Outrigger
ワイキキ・ビーチコマー・バイ・アウトリガー
→ MAP P201-B3

**アーティストとも積極コラボ**

ワイキキの中央、カラカウア通り沿い。オン・ザ・ビーチの次によい立地で、もともと広めの部屋はきれいに生まれ変わり、その上コスパもよし。もはや選ばない理由がない！

🏠 2300 Kalakaua Ave.
📞 922-4646
🌐 jp.waikikibeachcomber.com

ワイキキど真ん中なのに広めの部屋がうれしい

客室の壁紙はサーフ系フォトグラファーのザック・ノイルのビーチ写真。高層階からはダイヤモンドヘッドやワイキキビーチも見渡せる

---

ひとりごと 次々と出てくるハワイのリノベ情報。この本の制作中にも「ホワイトサンズ・ホテルのリノベがいいよ」とのうわさが。うーん、気になる！

# Turtle Bay Resort

アーノルド・パーマーが
デザインしたゴルフコース

## #5
## Out of Waikiki

**ワイキキ卒業組が
たどり着く先**

新しいホテル体験を追求していくと、当然"ワイキキ以外に泊まる"という選択肢が浮上します。オアフ島を見渡してもリゾートホテルはそこまで多くなく、ここの4軒をおさえておけば、ほぼ間違いありません。

ノースショアの美しい
大自然を満喫ステイ

ワイキキとはまったく過ごし方が異なるタートル・ベイ。ハワイ通の方は、こことワイキキのホテルを2泊ずつとかで組み合わせ、いいとこ取りしています

### オアフ島にいながら離島気分を味わえる

オアフ島の北端にあるリゾートホテル。日帰り観光で人気のノースショアですが、宿泊することによりハレイワでヘルシー朝ご飯を食べたり、サンセットビーチで暗くなるまで夕日を眺めたりと、ひと味違う魅力を堪能することができるように。また、ホテルが用意するアクティビティもこの土地の自然を最大限に生かしたもの。ゴルフやサーフィン、ビーチでの乗馬など、1日で複数こなすこともできます。もちろん全室オーシャンビュー。空き時間は部屋にとどまり、のんびり波音を楽しむのがタートルベイの粋な過ごし方です。

**Turtle Bay Resort**
タートル・ベイ・リゾート → MAP P195-A3

📍 57-091 Kamehameha Hwy.　📞 293-6000　turtlebayresort.com
日本での問い合わせ先：03-5652-4555（株式会社ジェイバ）

*Hawaiian Hotels*
ホテルを知ると
ハワイはもっと楽しい

*Hotels* ワイキキ以外のホテル

アロハシャツの
ミッキーに会えるかも！

## *Aulani, A Disney Resort & Spa, Ko Olina, Hawai'i*
アウラニ・ディズニー・リゾート＆スパ コオリナ・ハワイ
→ MAP P195-D1

### 大人も憧れる夢の国のホテル

子供と一緒に楽しめるゲームやウォーターアクティビティが揃っていながら、大人も落ち着いて楽しめるオールドハワイアンな雰囲気。「マカヒキ」でキャラクターとの朝食も人気。

92-1185 Ali'inui Dr. Kapolei  674-6200
aulani.jp

落ち着いた雰囲気ながら、キャラクターをあしらったグッズやフード（→P72、153）は、大人も童心に返るかわいさ。バランスが絶妙

As to Disney artwork, logos and properties：©Disney

館内のラグーンでは
イルカとも遊べる！

## *The Kahala Hotel & Resort*
ザ・カハラ・ホテル＆リゾート
→ MAP P196-B6

### ワイキキからほどよい距離感

車で10分走っただけで、ワイキキとはまったく異なるプライベート感。数多くのVIPや著名人に愛されてきたのも納得。スタンダードでも51m²あり、客室のファシリティも完璧。

5000 Kahala Ave.  739-8888
jp.kahalaresort.com

創業時から変わらないグランドロビーのシャンデリア。オアフで最も好きな場所のひとつ。ずっとソファに埋もれていたい……

ワイキキとはまるで別世界
オアフ島最強の大人リゾート

## *Four Seasons Resort O'ahu at Ko Olina*
フォーシーズンズ・リゾート・オアフ・アット・コオリナ
→ MAP P195-D1

### 遊ぶも食べるも、すべて完結

入った瞬間に、誰もがその素晴らしさに気づく完璧なリゾート。館内レストランやショップもハイレベルで、全欲求がここで満たされます。1000文字あっても賞賛しきれない！

92-1001 Olani St.  679-0079
fourseasons.com/jp/oahu/experiences/hawaii-by-four-seasons

（上）18歳以上限定のアダルトプール。インフィニティ仕様で、この島一番のサンセット特等席（右上）吹き抜けになったロビー

ひとりごと カネオヘにある「パラダイス・ベイ・リゾート」もおすすめ。コオラウ山脈とサンドバーの絶景が目の前で、アクティビティもいろいろあります

# 「ハワイでAirbnbってどうよ?」

Airbnbとは世界最大手のバケーションレンタルサービス。
いわゆる民泊サービスで、オアフ島でも数多くの物件がヒットします。
ハワイでAirbnbはアリかナシか。僕の答えは、「条件付きでアリ」です。
ホテル以上に明確なメリット・デメリットが存在するAirbnb。
僕も実際に何度か失敗を経験しており、ある程度旅慣れていて、
以下のデメリットを読んでも許容できることが条件。それを乗り越えられれば、
ホテルでは味わうことのできない"新しいハワイ"に出合うことができると思います。

❶ ダイヤモンドヘッド・ビーチ・ホテル&レジデンス

### メリット
- ホテルよりも安くなる可能性がある
- ホテルのないローカルタウンにも滞在できる
- 間取りも豊富で、大人数でも一緒に泊まれる
- BBQや台所があり、ロコのような生活が可能
- ビーチハウスなどユニークな施設が見つかる

### デメリット
- ハウスルールを理解するのに英語が必須
- フロントがなくチェックイン&アウトが面倒
- (場所によるが)送迎もないので車が必須
- 当たり外れが多く、外れても部屋変更が不可
- 承認制の場合、宿泊を拒否されることがある

Airbnb最大の魅力は価格面です。例えばこちらのカピオラニ公園の南側にあり、視線を遮るものが何もない最上階オーシャンフロントのコンドミニアムなのですが、清掃料・サービス料込みで一泊5万円以下(3連泊以上した場合)。ワイキキ近辺の1DKでこのビューだと、かなりリーズナブルと言えるでしょう(ただし1、2泊だと逆に割高に)。立派なソファがラナイに置かれていて、ここで寝そべりながらビールを飲んで眺めたワイキキビーチは過去最高の絶景でした。注意しておきたいのは、ワイキキ近辺とはいえ車が必要になること。そしてチェックインの際にオーナーと時間を指定して待ち合わせが必要で、最低限の説明を理解する英語力が求められます。

ホテルのないローカルタウン

❶「ダイヤモンドヘッド・ビーチ・ホテル&レジデンス」。ハワイカイの一軒家

に泊まれるのも、Airbnbの魅力のひとつ。こちらは高級住宅街とBBQの繰り返し。のんびり暮らすようにステイしました。間取りが4ベッドルーム・3バスルームなので、3世帯滞在でも各々のプライバシーは確保されつつ、リビングではみんなが一緒に過ごすこともできて、家族旅行にはちょうど良かったです。1泊10万円ほどですが、場所と間取りの希少性を加味すると、3世帯で割れれば十分検討できる値段だと思いました。ただ、いざBBQをやろうと思ったらガスが切れていたり、細かな清掃が行き届いていなかったりと、管理会社に対していくつか不満を感じることはありました。

もうひとつユニークなロケーションのAirbnb物件をご紹介。こちらは西海岸

❷ ハワイカイの一軒家

# Hotels
## ハワイでAirbnb

❸ マイリ・コーブ

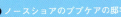

❹ ノースショアのププケアの邸宅

**Airbnb**
エア・ビー＆ビー
🌐 www.airbnb.jp

やBBQ施設付き。ここがなんと1泊1万円強（3連泊の場合）で滞在することができました。ただ、2020年1月現在、予約は最低30泊からに変更になってしまい非常に残念……。制度やルールが頻繁に変わるというのもAirbnbのデメリットかと思います。ちなみに、ほかにオアフ島で海沿いのリーズナブルな物件を探すとしたら、西海岸のワイアナエや、北東のライエあたりにいくつかお得のマイリ・ビーチ・パークの横にある❸「マイリ・コーブ」というコンドミニアム施設。間取りは1DKと平凡なのですが、オーシャンビューの立地で、しかも中庭にはプール

❸「マイリ・コーブ」

な物件が見つかります。

最後に、Airbnbではこんなユニークな物件も見つかります。❹「ノースショアのププケアの邸宅」は、なんと専用プール付き。浮き輪も自由に使えて、プール好きなお子様は大喜びでしょう。離れの施設にはBBQ施設付き、家の中も立派な台所があります。スーパーのフードランドもすぐ近くにあることはリサーチ済みだったので、基本的には自然の中にこもるつもりで、自炊での滞在を満喫しました。郊外に滞在する場合、最寄りのスーパーがどこにあるかを調べておくといいでしょう。ちなみに2世帯泊まれるわりに値段も安く、すべて込みで1泊4万円以下（3連泊以上した場合）でしたAirbnb上では予約不可）。なお、ハワイのAirbnbは2019年8月の

❹「ノースショアのププケアの邸宅」

法律改正により、貸し出しができなくなったり、最低貸し出し単位が1ヵ月になってしまったりと、刻々と状況が変化しています。最終的な宿泊条件はAirbnbのサイトに掲載されている通りになりますので、実際に日程を入れて検索してみてください。またこちらで表記している値段は、あくまで僕個人が滞在した際のものとしてご参考いただければ幸いです。

---

ひとりごと ワイキキでもクヒオ通りからアラワイ運河あたりのエリアでしたら、1泊1万円程度のリーズナブルな部屋が見つかります

## 友達だけに答えていたQ&A、集めました。

最近ではすっかり「ハワイおじさん」キャラが定着。おかげさまで友達から昼夜問わず、ハワイの質問が届きます。ここでは実際にあったQ&Aを掘り起こし、僕の主観で解説を付け加えました。いわゆる一般的なトラベルインフォメーションは、『地球の歩き方』という素晴らしいガイドブックをご参照ください。今回このコーナーができたことで、友達からの問い合わせが減ることを祈っています（笑）

### 日本での支度編

**Q1 ハワイっていつがベストシーズン？**

**A1** 僕にとってのベストは、12〜3月

航空券やツアー代が安い（ホノルルマラソンと年末年始は除く）のと、日本が冬なので南国のありがたみをより感じられるのが、一番の理由です。またワイキキで水平線に沈むサンセット（→P31）が見られるのもこの時期ならでは。ちなみに12〜3月はハワイの雨季に当たるのですが、そのぶん虹を見るチャンスも増えるし、日本の梅雨とはまったく別物なのでご心配なく。まあ年間いつ行っても過ごしやすい気候には違いなく、「年中ベストシーズン」って答えているときもあります（笑）

**Q2 ハワイって長袖いらないよね？**

**A2** あったほうがいいです！特にスーパーの中は極寒（笑）

よく長袖が必要かどうか聞かれます。僕の意見だと、年間通じて必ず1枚は長袖の羽織るものを持ったほうがいいと思います。買い物（特にスーパーマーケット）やレストランで、屋内の冷房がキンキンに冷えていることがありますし、夜テラスやラナイに出るときに体温調整がしやすくなります。また、1〜3月頃は、ごくたまに日中でも長袖長ズボンが欲しくなる日があります。❶

**Q3 スマホってどうやって接続してる？**

**A3** いろいろ試したけど『アメリカ放題』が最強

Wi-Fiルーターのレンタル、SIMの現地購入、キャリアの国際ローミングサービス。スマホの通信環境を確保するためにあらゆる方法を試しましたが、現在僕は「ソフトバンクのアメリカ放題でSprint社のネットワーク」を使っています。ごくたまにSprint社の接続から外れてしまうことはありますが、日本で使っているスマホをそのまま無料で使える利便性・経済性は最強です。iPhone XS、XS Max、XR以降に搭載されているeSIM で、他の事業者と契約する接続方法も注目しています（要SIMロック解除）。❷

**Q4 日本の電気製品ってそのまま使える？**

**A4** プラグはOK。電圧は必ずチェックして

アメリカのプラグ形状は三叉ですが、日本の二叉プラグでもコンセントにそのまま差し込むことができます。注意が必要なのは電圧。手持ちの電気製品がアメリカの電圧（120V）に対応しているか必ず確認してください。充電器や

186

バッテリーに120Vが範囲内であること（例：100－240V）などが書かれていればOK。スマホやカメラ、パソコンなどたいていの充電器は対応していますが、日本から持ってきたドライヤーなどは注意が必要です。「100V」としか書いてないのにアメリカで使うと、熱を持ったり、壊れたり、最悪発火します。

## Q5 保険入らなくても平気だよね？

### A5 いやーー！ダメ！絶対に入って！！

海外旅行傷害保険は絶対に必要です。身近なハワイだからと言って、加入しないと痛い目にあいます。体調を崩したり、怪我をしたりして病院で治療を受けた場合、保険に入っていないと数十万〜数百万の請求を受ける可能性があります。クレジットカード付帯のものでも構いませんが、必ず「障害死亡」「障害後遺障害」「障害治療」「疫病治療」「救援物費用」がかけられているか、上限金額とともに確認しましょう。「携行品」や「航空機遅延」などもあると安心です。保険会社が設けている緊急時連絡先を控えるのも忘れずに。❸

## Q6 （空港から）ところでESTAって何？

### A6 きゃーーーーー！！

まもなく空港だというときは僕が焦りますこの質問が来たときから、した（笑）ハワイへ（アメリカ）へ渡航する場合、90日以内の滞在であればビザは不要ですが、代わりに必ずESTA（エスタ・電子渡航認証）を申請する必要があります。$14でWEB申請が可能ですが、「渡航72時間前まで」に済ませておくよう推奨されています。申請してすぐに承認が下りるケースもありますが（友達はそれで乗れました）、数時間〜数日保留になるケースもあるので、必ず必ず必ず72時間前までに申請すること。なお、一度承認されると2年間もしくはパスポートを更新しない限り有効です。❸

## Q7 緊急時に知っておくべき連絡先を教えて！

### A7 いい質問です！

P6でも書きましたが、もしものの際に控えておくと安心なのは以下の連絡先です。怪我や病気の場合はまず保険会社に連絡し、以下の病院で保険適用が可能かを確認する上で診断を受け、必要な書類を忘れずにもらうこと。事件や事故に巻き込まれたらまずは警察に相談するか、内容によっては日本国領事館に連絡し、対応策を相談してください。パスポートを失したり盗難されたら、まずは警察に届け出てもらい、日本国領事館を発行してもらい、「紛失・盗難受理証明書」を発行してもらい、帰国のための渡航書発行手続きが必要になります。クレジットカードを紛失した場合はまずカード会社に連絡し、必ず無効化する手続きを取ってください。❹

---

❶ オアフ島の最高気温・最低気温　　　　　　　　　　　（2019年データ調べ・気象庁ホームページより）

|  | 1月 | 2月 | 3月 | 4月 | 5月 | 6月 | 7月 | 8月 | 9月 | 10月 | 11月 | 12月 |
|---|---|---|---|---|---|---|---|---|---|---|---|---|
| 平均最高気温 | 20.2 | 18.2 | 19.2 | 20.8 | 22.5 | 23.9 | 25.6 | 25.3 | 25 | 24.2 | 22.9 | 21.9 |
| 平均最低気温 | 28.1 | 26.4 | 28 | 29.3 | 30.7 | 31.4 | 32.3 | 32.8 | 31.9 | 31.4 | 30.2 | 28.5 |

❷ SoftBank アメリカ放題　　🌐 https://www.softbank.jp/mobile/service/global/overseas/america-hodai
❸ ESTAオンライン申請　　🌐 esta.cbp.dhs.gov
❹ 怪我・病気の場合　　ストラウプ・ドクター・オン・コール　🏠 2255 Kalakaua Ave.　☎ 923-9966（日本語専用）　🕐 7:00〜23:00
　　　　　　　　　　ワイキキ緊急医療クリニック　🏠 2155 Kalakaua Ave.　☎ 924-3399（日本語可）
　　　　　　　　　　🕐 月〜金8:30〜18:30、土日〜17:00

事件・事故の場合　　警察・消防・救急　☎ 911
　　　　　　　　　　在ホノルル日本国領事館　🏠 1742 Nuuanu Ave.　☎ 543-3111　🕐 8:00〜11:30、13:00〜15:30　CLOSE 土日

クレジットカード会社　　American Express　☎ 1-800-866-8630（無料）　JCB　☎ 1-800-606-8871（無料）
　　　　　　　　　　　　Master Card　☎ 1-800-307-7309（無料）　VISA　☎ 1-866-670-0955（無料）

# 現地での疑問編

## Q1 両替ってどうしてる?

### A1 僕は両替所ではしてません

あくまで僕の場合ですが、最近はまったく両替所で円→ドル両替はしておらず、もっぱらクレジットカードの海外キャッシングを使いATMで現金を引き下ろしています。手数料(だいたい$2〜4)が低いATMで、下ろす金額が上限に近ければ、金利を含めても両替よりお得になることが多いからです。ただ、レートのいい両替所(かつ手数料無料)と比較するとその差は微々たるもの。どちらかというと「どこにでもある」というメリットで、「ATM∨両替所」と考えています。まあ初めてハワイに行く人は不安解消にもなるので、日本の空港の銀行で両替しておくといいかもですね。

いくといいかと思いますが、ホノルルの空港でも個人出口を出てすぐ左にATMがありますし、ワイキキでもいたるところで見つかりますよ。ちなみにABCストアのATMは手数料が安めです。なおATMで引き出せるのは$20札のみ。チップ用に$1や$5へ崩す必要があるので、その手間が煩わしい人は両替所のほうがいいかもですね。

## Q2 サービス悪いからチップゼロでもいい?

### A2 んー、そういうわけにはいきません

ハワイに来たのであれば、アメリカの「チップ社会」を尊重する必要があります。例えばレストランで「サービスの質によりチップ額を決定する」とよく言いますが、「出すか出さないか」ではなく、「15%か、それ以上の話なんです。「サービスが悪かったのでチップは払わない」というアメリカ人はほぼ存在しません(マネージャーに文

句を言う人はたくさんいます)。つまり、レストランに行くのであれば、1回につき食事代の15%は最低でも予算計上しておくべき。そのほうが現金派の人は事前準備もできるし、何よりサービスに満足できなくても割り切り済みなので嫌な気分になりません(笑)。純粋に嬉しかった場合、それに上積みすればいいだけです。ちなみに、バレーパーキングのような頻繁に使うサービスで、滞在の始めにチップを多めに渡すと、次回以降車を早く持ってきてくれたり、丁寧に挨拶してくれたり、平均してサービスがよくなることがあるのでおすすめ。その際のチップは最低でも$1札で。小銭で渡すのは失礼にあたります(レストランのおつり分は除く)。❶

## Q3 ドレスコードってどれくらい守るべき?

### A3 守らないと入れない可能性もあります

高級レストランやバー、クラブで

❶ **チップの目安**

★ **レストラン**は15〜20%、**ビュッフェ**は10〜15%

★ ツアーに参加した場合、**ツアーガイド**に参加費の10%、**ドライバー**に5%

★ **ホテルのドアマン**にタクシーを呼んでもらった場合、$1〜2

★ ホテルのバレーパーキングで車を受け取る際、$2〜5

★ ホテルの**部屋**に荷物を運んでもらった場合、かばん1個につき$2(ただし最低$5)

★ ホテルの**部屋清掃メイド**さんへ、部屋を出る際ベッドに$2(ツイン)〜$5(スイート)

★ **タクシー**はメーター金額の15〜20%、かばん1個につき$1

は明確にドレスコードを設けている店が多いハワイ。仮に運良く入れたとしても、決してスマートなことではなく、周囲から浮いて恥ずかしい思いをする可能性も。普段はラフなアメリカ人観光客も、ドレスコードのある店では見違えるほど、ビシッとしています。襟付きのシャツや長ズボン、スニーカー以外の靴が必要になったら、ロス・ドレス・フォー・レス（→P167）で安く調達可能できます。ちなみに男性のアロハシャツ、女性のムームーは正装扱いです。

## Q4 ホテルで一服しても平気だよね？

**A4 ほとんどのホテルが禁煙。ベランダもNG！**

ハワイ州では受動喫煙による害を防ぐための法律があり、ホテルの室内はもちろん、ベランダでの喫煙も禁止されています。ホテルによってはごく限られた場所に指定喫煙所を設けているケースもありますが、いずれにしても部屋で喫煙すると法律違反に加え、ホテルからも数百ドルのクリーニング代を請求されるので、くれぐれも気をつけて。ちなみに僕は泊まったことはありませんが、イリマ・ホテル、ワイキキ・サンドビラ・ホテルには喫煙可能な部屋があるようです。

## Q5 おみやげにパイナップル買ってこうか？

**A5 果物は輸入規制に気をつけて！**

果物によって違うのですが、パイナップルはダニエル・K・イノウエ国際空港で検査証明書（Phytosanitary Certificate）を発行してもらい、さらに日本入国時に空港の検疫カウンターで検査が必要。面倒臭いので、僕はパイナップルをおみやげにはしません（笑）。ちなみに、バナナやマンゴーは輸入禁止扱いで、さらに厳しいのが実情。ハワイで果物を食べるときはありがたくいただきましょうね。

## Q6 水道水って飲めるの？

**A6 基本的には飲めます！**

外務省のホームページには「水道水を飲料水として利用することが可能であり、衛生状態は良好です」とあります。ただ、ホテルによって水道の蛇口から飲むのは、個人的には気が進まないのでいつもABCストアやスーパーマーケットなどでペットボトルの水を購入して飲んでいます。

## Q7 ビーチでお酒飲みたい！

**A7 飲みたいけど、ハワイのビーチは禁酒です**

青い空と海を眺めながら、砂浜に寝転がってくーっとビールを飲みたいところですが、ハワイのビーチでの飲酒は法律で固く禁じられています。そのほか、日本と違うルールが多々あるので覚えておきましょう。ビーチで飲めないぶん、オン・ザ・ビーチのバーの存在が天国に見えますね。

### ハワイのお酒ルールあれこれ

★ お酒が飲めるのは **21歳以上**
★ お酒を売ることができるのは **ライセンスのある店のみ**
★ **コンビニ** がお酒を販売できる時間は **6:00〜24:00**
★ 購入時に **パスポート原本の提示が必要**
★ ビーチや公園など **公共の場での飲酒は禁止**
★ バーでのアルコール注文は **1人1杯まで**

❷ 植物防疫所
🌐 www.maff.go.jp/pps/j/search/ikuni/ush.html

# Car Rental

## Q8 レンタカーってあったほうが便利？

### A8 ハワイの楽しみ方が断然変わります

運転が苦手な人には無理してほしくないけれど、レンタカーで移動できると行動範囲と自由度が大幅に増すのは間違いありません。ここではレンタカーを成功させる8つのポイントと、僕のおすすめレンタカー会社を紹介！

### Point 1 国際免許証は不要

ハワイではレンタカーの手続きに国際免許証は不要。忙しくて取りに行く時間がなくても諦めないでOKです。逆にクレジットカードとその証明用のID（パスポート可）、そして日本の運転免許証が必ず必要になります。

### Point 2 スピード表示は「マイル」

メーターや距離表示を見て「あれ？」と思うかもしれません。ハワイでは「キロメートル」ではなく「マイル」表示。1マイルは約1.6キロ。例えば、時速70マイルは約112キロ、空港まで距離5マイルは約8キロとなります。

### Point 3 日本と違うルールを把握しよう

一番ハードルが高く感じるのはここだと思います。日本とは逆の「右側通行」なので、慣れるまで運転は慎重に。くれぐれも右左折のときには反対車線に入らないように気をつけてください。また日本では「赤信号時の左折」は不可ですが、ハワイでは基本「赤信号時の右折」は可能（ただし「NO TURN ON RED」の標識がある信号では不可）。また「STOP ALL WAY」と書かれた標識は一時停止を意味しますが、停止した順に再発進してよいルールになっています。

### 日本と違うおもな交通ルール

- ★「左ハンドル」と「右側通行」
- ★赤信号でも右折可能
- ★特殊な一時停止「STOP ALL WAY」
- ★スクールバス停止中は追い越し禁止
- ★消火栓前後15フィート（約5m）は駐停車禁止

### 意味を知っておきたい標識

- ★ YIELD は「譲りなさい」
- ★ DEAD END　NO OUTLET は「行き止まり」
- ★ NARROW ROAD AHEAD は「この先道が狭くなる」
- ★ LEFT ON GREEN ARROW ONLY は「青信号時のみ左折可」
- ★ NO LEFT TURN AM WHEN CONED は「コーンがある午前中、左折禁止」

## Point 4
### ワイキキでの注意点

ワイキキは一方通行（ONE WAY）が多く、カラカウア通りは西から東へ、アラワイ通りは東から西へ、それぞれ一方通行です。また、カラカウア通りは週末になるとフェスティバルなどで全面閉鎖されることが多いので注意。閉鎖の日程は事前にホテルのレセプションや、カラカウア通りの入り口にて告知されます。ホテルの駐車場も高額で1泊当たり$20～50程度は覚悟する必要があります。

## Point 5
### バリデーションをもらうのを忘れずに

カカアコのソルトや、ロイヤルハワイアン センターの駐車場は、施設利用者に対して割引があります。この利用証明をバリデーションといい、駐車料金精算の際に必要になります。お店での会計時に「Validation, please」と伝えるのを忘れずに。

## Point 6
### 車の中に貴重品は置かない

車の見えるところには、貴重品はもちろん、なるべく物さえも置かないようにしましょう。中身のわからない紙袋であっても、観光客のレンタカーとわかると、車上荒らしに遭う可能性があります。

## Point 7
### ガソリンはセルフサービス

給油機にクレジットカードを差し込み、ガソリンの種類を選んで自分で給油。日本のカードが使えない場合は店内のレジで給油機の番号を伝え、クレジットカードを渡すか、利用したい分だけの現金を渡せば（もしくはクレジットカードでの決済希望額を伝えれば）給油することができます。

## Point 8
### カーナビはスマホでも十分？

レンタカー会社でカーナビを借りると1日$15程度必要になります。スマホのGoogle Mapなどのアプリで十分代用可能ですが、通信環境があることが前提です。大幅に電池を食うので、充電ケーブルを持ち運び、車内のUSBポートに差し込んで常時充電しながら使用することをおすすめします。

# The Bus

## Point 9
### レンタカー会社の選び方

僕がよく利用するのはハーツレンタカー。いつも日本からウェブで予約を入れ、ダニエル・K・イノウエ国際空港でピックアップしています。レンタカー会社によっては空港から営業所までシャトルバスで移動する必要があるのですが、ハーツレンタカーは国際線到着出口から徒歩で行けてとても便利。さらにハーツGoldプラス・リワーズ(入会無料)に加入すると、専用カウンターで優先的に手続きできます。またウェブからの予約で「レンタル1日無料」や「無料アップグレード」などの会員特典も。ハーツレンタカーは「ハイアット・リージェンシー・ワイキキ・リゾート＆スパ」や「ワイキキ・ビーチ・マリオット」、「インペリアル・オブ・ワイキキ」「イリカイ・ホテル」など営業所が多く、ワイキキから借りるにも選択肢が豊富で、1日だけレンタカーするにも向いています。

### ハーツレンタカーのメリット

★空港の営業所が徒歩で行ける
★ワイキキでも営業所が多い
★保有台数が多く、変更もスムーズ
★コンパクトから高級車まで車種豊富
★保険内容も日本語WEBでわかりやすい
★24時間対応の日本語サポート

**ハーツレンタカー**
🌐 www.hertz-japan.com  📞 0120-489882 (日本での予約先)
🕘 9:00〜18:00  CLOSE 土日

**ダニエル・K・イノウエ国際空港営業所**
🏢 300 Rodgers Blvd.  📞 837-7100  🕘 4:30〜24:00

**ハイアット・リージェンシー・ワイキキ・リゾート＆スパ営業所**
🏢 2424 Kalakaua Ave.  📞 971-3535  🕘 7:00〜21:00

**インペリアル・オブ・ワイキキ営業所**
🏢 205 Lewers St.  📞 922-3331  🕘 7:00〜15:00

**ワイキキ・ビーチ・マリオット営業所**
🏢 2552 Kalakaua Ave.  📞 921-2140  🕘 7:00〜14:00

**イリカイ・ホテル営業所**
🏢 1777 Ala Moana Blvd.  📞 951-0818  🕘 7:00〜15:00

---

### Q9 ザ・バスって簡単に使える？

### A9 アプリを使いこなせると簡単です！

オアフ島を網羅する公共バス、ザ・バス。約100路線、4200あるバス停を使いこなすのは一見難しそうですが、スマホアプリ「DaBus2-TheOahu BusApp」があれば、効率よく活用可能。日本語に対応しており、ストリート名やバス停ナンバー、ルートナンバー、現在地などを入力すると、当該バスの時刻表や走行ルートはもちろん、バスの現在位置もGPSでわかる超優れもの。

### ザ・バスの注意点

★車内ではおつりが出ない
★車内前方の席は優先席
★車内での飲食は禁止
★走行中、車内での移動はNG
★荷物はひざに乗る大きさまで
　(大型スーツケースは不可)

## Q10 ワイキキ・トロリーってどう使うの?

### A10 乗り降り自由なツアー感覚がおすすめ

ハワイの風を感じながら観光地を回る、オープンエアのトロリー。ワイキキとアラモアナセンターを結ぶピンクラインは$2でワイキキとアラモアナセンターを結ぶピンクライン、カパフル通りを回るイエローラインは$2で乗車可能。本数は少ないものの、ザ・バスの代わりとしても活用することができます。他4ラインはドライバーの陽気なガイドを聴きながら1日券を購入して利用する

れもの! バスの運賃は大人$2.75（6～17歳$1.25、5歳以下は同伴者ひとりにつき無料）。乗り換え用のトランスファーチケットは2017年に廃止されたので、一度でも乗り換えする人は1日乗り放題の「1-dayPass」（$5.50）がおすすめ。料金箱にお金を入れないで、運転手にパス購入の旨を伝えて購入しよう。

**ワイキキ・トロリー路線**

| | |
|---|---|
| ★ブルーライン（パノラマコースト観光コース） | 大人$25、子ども$15 |
| ★グリーンライン（ダイヤモンドヘッド観光コース） | 大人$25、子ども$15 |
| ★レッドライン（ハワイ文化観光コース） | 大人$25、子ども$15 |
| ★パープルライン（パールハーバー歴史観光コース） | 大人$25、子ども$15 |
| ★ピンクライン（ワイキキ/アラモアナショッピングコース） | 大人$2、子ども$2 |
| ★イエローライン（ホノルル・ダイニング・エクスプレス） | 大人$2、子ども$2 |

## Q11 UberやLyftってどうなの?

### A11 慣れると手放せなくなります!

配車サービスアプリ「Uber」と「Lyft」。スマホのGPS機能を使い、目的地を入力して乗車希望場所を指定すると、最寄のドライバーを捕まえて迎えに来てくれるサービス。金額、需要と供給のバランスで変動し、事前にアプリ上で把握でき、精算も自動的にクレジットカード決済になるので、現金の心配をする必要もありません。両者の使用方法に違いはほとんどありませんが、微妙に値段が異なる場合があるので「あれ、高いかも」と思ったら、もう片方でチェックしてみるといいでしょう。

ハワイでも利用者・ドライバーともに多く、たいてい呼び出してから数分以内で来てくれます。今やタクシーと並ぶポピュラーな移動手段。タクシーよりも総じて値段は安めなので、カカアコやダウンタウンでお酒を飲むときなど僕も頻繁に使っています。

トロリーツアー。乗り降りが自由なので、停留所でどれくらい過ごすか自分次第なのが魅力です。本数が少ないので、必ずホームページやパンフレットで停留所情報と時刻表を把握してうまく活用してみてください。レンタカーがなくても、効率よくリーズナブルに見どころを巡れます。

6ラインすべてに乗れる1日乗車券は$45（3～11歳$25）、4日乗車券は$65（3～11歳$40）、7日乗車券は$75（3～11歳$49）。WEBでの事前予約（利用開始予定日の72時間前まで10％オフ）もうまくご活用ください。

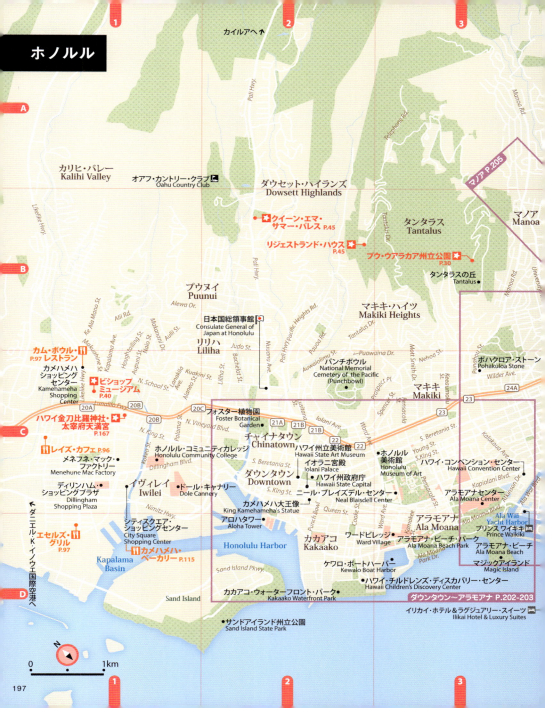

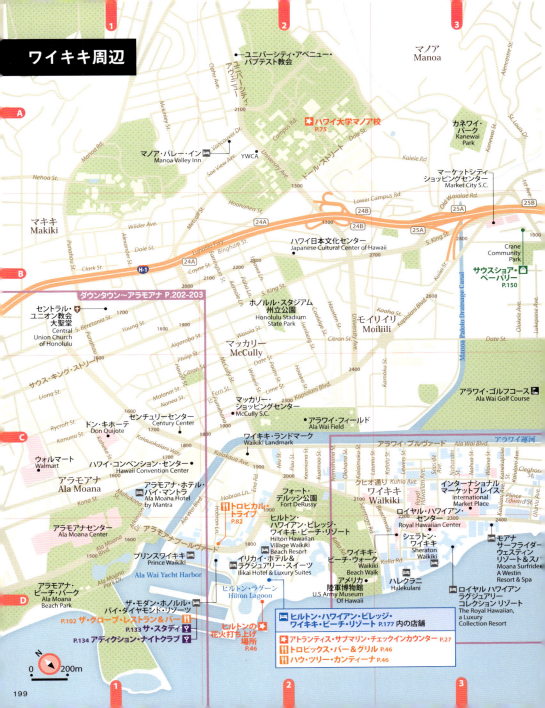

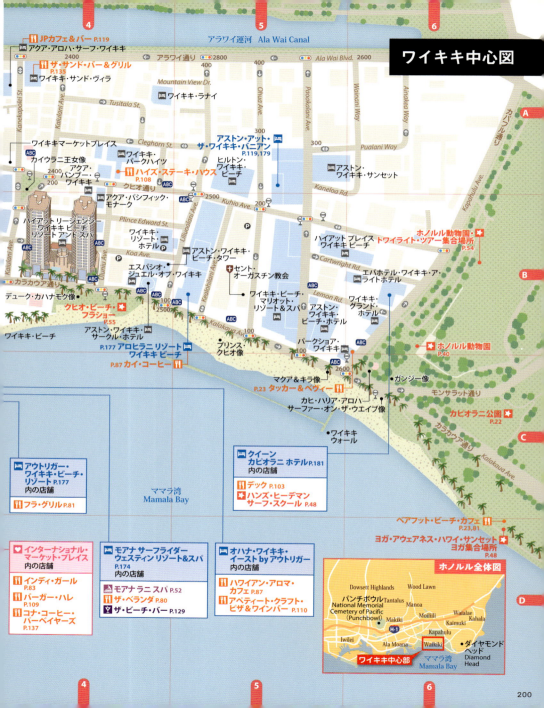

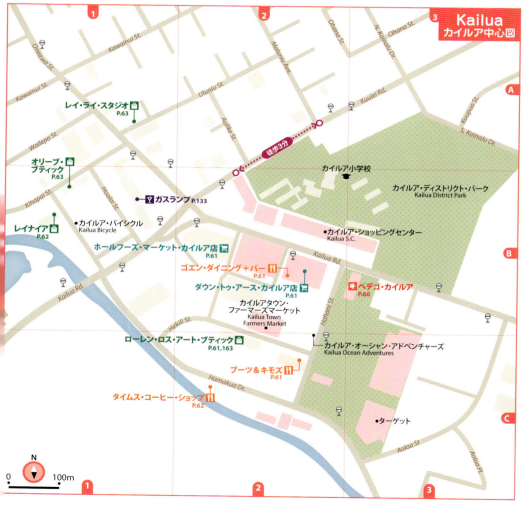

トロピカル・ラッシュ・・・・・・・・ 69
トロピックス・バー&グリル・・・・・ 46
とんかつ 玉藤・・・・・・・・・・・・ 98
トングス・ビーチ・・・・・・・・・・ 54

## な行

ナル・ヘルス・バー&カフェ・ワード店 ・・ 83
ニウ・・・・・・・・・・・・・・・・ 67
ヌウアヌパリ展望台・・・・・・・・・ 59
ノヴィクター・ヘリコプター・・・・ 32,47
ノードストローム・ラック・ワイキキ店
・・・・・・・・・・・・・・・・・ 166

## は行

バー・レザー・エプロン・・・・・・ 130
バーガー・ハレ・・・・・・・・・・ 109
バーガーズ・オン・ビショップ・・・ 109
ハーツ・レンタカー・・・・・・・・ 192
パアラカイ・ベーカリー・・・・・・ 65
バーンズ&ノーブル・ブックセラーズ・・ 149
パイオニア・サルーン・・・・・・・ 137
ハイズ・ステーキ・ハウス・・・・・ 108
ハイ・ブロウ・ルーム・・・・・・・ 132
ハウ・ツリー・カンティーナ・・・・ 46
ハウス・サパー・クラブ・・・・・・ 132
バクナム・・・・・・・・・・・・・ 94
バサルト・・・・・・・・・・・・・ 111
パタゴニア・ホノルル店・・・・・ 145,150
バタフライ・アイスクリーム・・・・ 113
バック・イン・ザ・デイ・ハワイ・ビンテージ
・・・・・・・・・・・・・・・・・ 65
ハナウマ・ベイ・・・・・・・・・・ 58
パリ・ハワイ・・・・・・・・ 124,137,160
ハレ・マヌ・・・・・・・・・・・・ 153
ハレイワ・ビーチ・ハウス・・・・・ 69
ハレクラニ・・・・・・・・・・・・ 175
ハレクラニ・ベーカリー&レストラン・・ 106
ハレプナ ワイキキ バイ ハレクラニ・・ 180
ハワイアン・アロマ・カフェ・オハナ・イースト
店・・・・・・・・・・・・・・・・ 87
ハワイアン焼酎カンパニー・・・・ 161,166
ハワイ金刀比羅神社・太宰府天満宮・・・ 167
ハワイ大学マノア校ブックストア・・・・ 75
ハワロン・コンシェルジュ・・・・・ 55
ハンズ・ヒーデマン・サーフ・スクール ・・ 48
ヒア・・・・・・・・・・・・・・・ 91
ビーン・アバウト・タウン・・・・・ 86
ビキ・・・・・・・・・・・・・・・ 55
ビショップ・ミュージアム・・・・・ 40
ビッグアイランド・デライツ・・・・ 161
平等院テンプル・・・・・・・・・・ 55
ピリラウ・アーミー・レクリエーション・セン
ター・・・・・・・・・・・・・・・ 71
ヒルトン・ハワイアン・ビレッジ・ワイキキ・ビ
ーチ・リゾート・・・・・・・・・・ 177
ヒルトンの花火・・・・・・・・・・ 46
ファーム・トゥ・バーン・カフェ・・・・ 68
ファイティング・イール・・・・・・ 147
フィフティースリー バイ ザ・シー・・・ 125
プウ・ウアラカア州立公園・・・・・ 31
ブーツ&キモズ・・・・・・・・・・ 61
フードランド・ファームズ
・・・・・・・・ 117,118,120,160,167

フェンドゥ・ブーランジュリー・・・ 75,115
フォー・トー・チャウ・ベトナミーズ・レスト
ラン・・・・・・・・・・・・・・・ 93
フォートリ・ベトナミーズ・レストラン
・・・・・・・・・・・・・・・・・ 95
フォーシーズンズ・リゾート・オアフ・アット・
コオリナ・・・・・・・・・・・・ 73,183
ブッチャー&バード・・・・・・・ 90,109
フラ・グリル・・・・・・・・・・・ 81
ブリック・ファイア・タバーン・・・ 110
プリンス ワイキキ・・・・・・・・ 177
プルメリア ビーチ ハウス・・・・・ 85
ベアフット・ビーチ・カフェ・・・ 23,81
ベドゴ・カイルア・・・・・・・・・ 60
ベロズ・フィールド・ビーチ・・・・ 21
ホープ&ヘンリー・・・・・・・・・ 149
ホオマルヒア・ボタニカル・ガーデン・・・ 20
ホールフーズ・マーケット・カイルア店・・ 61
ホールフーズ・マーケット・クイーン店
・・・・・・・・・・・・ 121,154,160
ボガーツ・カフェ・・・・・・・・ 78,83
星野リゾート サーフジャック ハワイ・・ 152
ホノルル・コーヒー・エクスペリエンス・センタ
ー・・・・・・・・・・・・・・・・ 86
ホノルル動物園・・・・・・・・・ 40,54
ホノルル美術館カフェ・・・・・・・ 101
ホリデー・・・・・・・・・・・・・ 147
ポリネシア・カルチャー・センター・・ 40

## ま行

マイタイ バー・・・・・・・・・ 128,160
マイタイ・カタマラン・・・・・・・・ 24
マイリ・ビーチ・パーク・・・・・・ 71
マイリ・ピルボックス(ピンク・ピルボックス)
・・・・・・・・・・・・・・・・・ 71
マウイ・ブリューイング・カンパニー・ワイキキ
店・・・・・・・・・・・・・・・・ 127
マウイ・マイクス・ファイヤー・ローステッド・
チキン・・・・・・・・・・・・・・ 66
マカイ・リサーチ・ピア・・・・・・ 58
マカプウ・ポイント・・・・・・・・ 58
マシェティーズ・ミーン・サンドイッチ
・・・・・・・・・・・・・・・・・ 110
マノア・バレー・スイミング・プール・・ 43
マノア・フォールズ・・・・・・・・ 50
マリエ・オーガニクス・・・・・・・ 149
マリエカイ・チョコレート・・・・ 161,167
マリポサ・・・・・・・・・・・・・ 47
ミッシェルズ・アット・ザ・コロニー・サーフ
・・・・・・・・・・・・・・・・・ 124
ミヤコ・ジャパニーズ・レストラン・・・ 98
ムーミン・ショップ・ハワイ・・・・ 148
ムリワイ バーベキュー グリル・・・ 119
メリマンズ・・・・・・・・・・・・ 89
モアナ ラニ スパ・・・・・・・・・ 52
モアナ サーフライダー ウェスティン リゾート
&スパ・・・・・・・・・・・・・・ 174
モエナ・カフェ・・・・・・・・・・ 59
モーニング・グラス・コーヒー+カフェ
・・・・・・・・・・・・・・・ 87,160
モク・キッチン・・・・・・・・・・ 91
モケズ・ブレッド&ブレックファスト・カイム
キ店・・・・・・・・・・・・・・・ 112

モニ・ホノルル・・・・・・・・・・ 151
モリ・バイ・アート+フリー・・・・ 143
モロカイ・ホット・ブレッド・・・・ 136

## や行

ヤヤズ・チョップハウス&シーフード
・・・・・・・・・・・・・・ 108,126
ユッチャン・コリアン・レストラン・・・ 95
ユニクロ・・・・・・・・・・・・・ 148
ヨガ・アウェアネス・ハワイ・・・・ 48

## ら行

楽天カード・ワイキキ・ラウンジ・・・ 55
ラ・メール・・・・・・・・・・・・ 125
ラニアケア・ビーチ・・・・・・・・ 65
ラニカイ・ビーチ・・・・・・・・・ 63
ラニカイ・ピルボックス・・・・・・ 50
ラムファイヤー・・・・・・・・ 103,134
ラングーン・バーミーズ・キッチン・・ 92
リジェストランド・ハウス・・・・・ 45
リゾート・パス・ドットコム・・・・ 43
リパブリック・・・・・・・・・・・ 135
リモン・ロティサリー・・・・・・・ 94
リリハ・ベーカリー2号店・・・・・ 112
ルアナ・ワイキキ・・・・・・・・・ 53
ルースズ・クリス・ステーキハウス・ワイキキ店
・・・・・・・・・・・・・・・・・ 108
ルピシア・・・・・・・・・・・・・ 161
ルワーズ・ラウンジ・・・・・・・・ 131
レイズ・カフェ・・・・・・・・・・ 96
レイナイア・・・・・・・・・・・・ 62
レイ・ライ・スタジオ・・・・・・・ 75
レディ・エム・アット・ワイキキ・ティー
・・・・・・・・・・・・・・・・・ 114
ロイズ・ビーチ・ハウス・・・・・・ 64
ロイヤル ハワイアン ラグジュアリー コレクシ
ョン リゾート・・・・・・・・・・ 172
ロイヤル・ハワイアン・センター・フラ・レッス
ン・・・・・・・・・・・・・・・・ 49
ロイヤル・ハワイアン・センター・レイメイキン
グ・レッスン・・・・・・・・・・・ 49
ロイヤル ハワイアン ベーカリー
・・・・・・・・・・・・・・ 107,161
ローレン・ロス・アート・ブティック・・ 163
ロス・ドレス・フォー・レス・ワイキキ店
・・・・・・・・・・・・・・・・・ 167
ロベルタ・オークス・・・・・・ 141,150

## わ行

ワークプレイ・・・・・・・・・・・ 127
ワイオリ・キッチン&ベイク・ショップ・・ 75
ワイオル・オーシャン・キュイジーヌ・・ 123
ワイキキ・ショア・バイ・アウトリガー
・・・・・・・・・・・・・・・・・ 179
ワイキキ・ビーチコマー・バイ・アウトリガー
・・・・・・・・・・・・・・・・・ 181
ワイキキ横丁・・・・・・・・・・・ 99
ワイケレ・プレミアム・アウトレット・・ 70
ワイメア・ベイ・ビーチ・・・・・・ 65

# Index

## あ行

アーヴォ ・・・・・・・・・・・・・ 79,111
アース・カフェ ・・・・・・・・・・・・ 111
アート・アフター・ダーク(ホノルル美術館)
・・・・・・・・・・・・・・・・・・・ 54
アーバン・アイランド・ソサエティ ・・ 91
アール・カイムキ店 ・・・・・・・・・ 110
アイカオ・プランテーション ・・・・ 161
アイランド・ヴィンテージ・コーヒー
・・・・・・・・・・・・・・・・ 83,117
アイランド・ヴィンテージ・ワイン・バー
・・・・・・・・・・・・・・・ 106,127
アイランド・スリッパ ・・・・・・・・ 149
アイランド・ビューティ ・・・・・・・ 164
アイランド・ブリュー・コーヒーハウス ・・ 59
アウトリガー・ワイキキ・ビーチ・リゾート
・・・・・・・・・・・・・・・・・・ 177
アウラニ・ディズニー・リゾート＆スパ
コオリナ・ハワイ ・・・・・・ 72,183
アクセンツ・ザ・ロイヤル・ハワイアン
・・・・・・・・・・・・・・・・・・ 153
アストン・アット・ザ・ワイキキ・バニアン
・・・・・・・・・・・・・・・・ 119,179
アット・ドーン・オアフ ・・・・・・・ 144
アディクション・ナイトクラブ ・・・・ 134
アトランティス・サブマリン ・・・・・ 27
アナイ87・マッサージサロン ・・・・・ 53
アバ スパ ・・・・・・・・・・・・・・ 52
アペティート・クラフトピザ＆ワインバー
・・・・・・・・・・・・・・・・・・ 110
アラモアナセンター ・・・・・・・・・ 148
アラモアナ・ビーチ・パーク ・・・・・ 30
アロハ・スタジアム・スワップ・ミート
・・・・・・・・・・・・・・・・・・ 167
アロヒラニ リゾート ワイキキ ビーチ
・・・・・・・・・・・・・・・・・・ 177
アンクル・クレイズ・ハウス・オブ・ピュア・
アロハ ・・・・・・・・・・・・・・ 113
アンソロポロジー ・・・・・・・・・・ 148
インディ・ガール ・・・・・・・・・・・ 83
ヴァンズ・トリプル・クラウン ・・・・・ 55
ヴィア ジェラート ・・・・・・・・・・ 113
ウィー・アー・アイコニック ・・・・・ 146
ヴィレッジ・ボトル・ショップ＆テイスティング・
ルーム ・・・・・・・・・・・・ 91,121
ウェット＆ワイルド・ハワイ ・・・・・・ 42
ウェル・プロパー ・・・・・・・・・・・ 82
ウクレレぷあぷあ無料初心者レッスン・・ 49
ウーバー・ファクトリー ・・・・・ 115,136
ウルフギャング・ステーキハウス ・・ 122
エア・ビー＆ビー ・・・・・・・・・・ 184
ABCストア38号店 ・・・・・・・ 107,159
エセルズ・グリル ・・・・・・・・・・・ 97
エッグスン・シングス・コオリナ ・・・ 73
エフカイ・ピルボックス ・・・・・・・・ 51
エムダブリュー・レストラン
・・・・・・・・・ 88,108,115,136
オーキッズ ・・・・・・・・・・・ 84,111

オノ・シーフード ・・・・・・・・・・ 117
オパール・タイ ・・・・・・・・・・・・ 92
オフ・ザ・ウォール・クラフト・ビール＆ワイン
・・・・・・・・・・・・・・・・・・ 126
オフ・ザ・フック・ポケ・マーケット ・・ 117
オリーブ・ブティック ・・・・・・・・・ 63
オリーブ＆オリバー ・・・・・・・ 142,152

## か行

カ・マカナ・アリイ ・・・・・・・・・・ 70
カイ・コーヒー・ハワイ・アロヒラニ店 ・・ 87
カイマナ・ビーチ ・・・・・・・・・・・ 31
カイルア・ビーチ ・・・・・・・・・・・ 60
カカアコ・ファーマーズ・マーケット ・・ 36
ガスランプ ・・・・・・・・・・・・・ 133
カハラ・モール ・・・・・・・・・・・・ 59
カピオラニ公園 ・・・・・・・・・・・・ 22
カピオラニ公園テニスコート ・・・・・ 54
カフェ・ジュリア ・・・・・・・・・・ 100
カフェ・モーリーズ ・・・・・・・ 23,112
カフク・ファームズ ・・・・・・・・・・ 39
カフマナ・オーガニック・ファームズ＆カフェ
・・・・・・・・・・・・・・・・・・・ 71
カポレイ・コモンズ ・・・・・・・・・・ 70
カム・ボウル・レストラン ・・・・・・・ 97
カメハメハ・ベーカリー ・・・・・・・ 115
カレパ・ストア ・・・・・・・・・・・ 153
キッチン・デライト ・・・・・・・・・・ 66
キャプテン・ブルース・天国の海ツアー ・・ 27
キャメロン・ハワイ ・・・・・・・・・ 143
グアバ・ショップ ・・・・・・・・・ 69,150
クアロア・ランチ ・・・・・・・・・・・ 28
クイーン カピオラニ ホテル ・・・・ 181
クイーン・エマ・サマー・パレス ・・・ 45
クヒオ・ビーチ・フラショー ・・・・・・ 55
クライム・ワークス・ケアナ・ファームズ
・・・・・・・・・・・・・・・・・・・ 29
グリーン・ワールド・コーヒー・ファーム
・・・・・・・・・・・・・・・・・・・ 38
グリーンルーム・ギャラリー・アラモアナ店
・・・・・・・・・・・・・・・・・・ 162
ケーキ・エム ・・・・・・・・・・・・ 114
KCCファーマーズ・マーケット ・・ 34,161
コイ・ホノルル ・・・・・・・・・・・ 146
ゴエン・ダイニング＋バー ・・・・・・・ 61
コオリナ・ゴルフ・クラブ ・・・・・・・ 72
ココ・ヘッド ・・・・・・・・・・・・・ 51
ココ・ヘッド・カフェ ・・・・・・・・ 112
コストコ ハワイカイ店 ・・・・・・・ 137
コナ・コーヒー・パーベイヤーズ ・・ 137
コハナ・ラム・テイスティング・ツアー ・・ 39
コンパッション・カフェ ・・・・・・・ 136

## さ行

ザ レイロウ オートグラフ コレクション
・・・・・・・・・・・・・・・・・・ 181
ザ・カハラ・ホテル＆リゾート ・・・・ 183
ザ・グローブ・レストラン＆バー ・・・ 102
ザ・サンド・バー＆グリル ・・・・・・ 135
ザ・スタディ ・・・・・・・・・・・・ 133
ザ・チン・チン・バー ・・・・・・・・・ 93
ザ・ビーチ・バー ・・・・・・・・・・ 129
ザ・ビート・ボックス・カフェ ・・・・・ 68

ザ・ベランダ ・・・・・・・・・・ 80,160
ザ・リッツ・カールトン・レジデンス ワイキキ
ビーチ ・・・・・・・・・・・・・・ 179
ザ・レイロウ・ギフトショップ ・・・・ 152
サーフ ラナイ ・・・・・・・・・・ 80,161
サーファーズ・コーヒー ・・・・・・・・ 67
サーファサイズ・フィットネス ・・・・・ 49
サウスショア・ペーパリー ・・・・・・ 150
サブライム ・・・・・・・・・・・・・ 161
サルベージ・パブリック ・・・・・・・ 140
サントロコ ・・・・・・・・・・・・・・ 67
シー・ライフ・パーク・ハワイ ・・・・・ 40
シェラトン・ワイキキ ・・・・・・・・ 176
JPカフェ＆バー ・・・・・・・・・・・ 119
シグ・オン・スミス ・・・・・・・・・ 166
ジグ ・・・・・・・・・・・・・・・・・ 99
ジャニー＆ジャック ・・・・・・・・・ 149
シャビー・ルーム ・・・・・・・・・・ 151
シャングリ・ラ ・・・・・・・・・・・・ 44
スイート・クリームズ ・・・・・・・・ 113
スカーレット・ホノルル ・・・・・・・ 135
スカイ・ワイキキ ・・・・・・・・・・ 134
スターバックス・マノアバレー店 ・・・ 74
スヌーピーズ・サーフショップ ・・・・・ 69
セニア ・・・・・・・・・・・・・・・・ 93
セフォラ ・・・・・・・・・・・・・・ 165
戦艦ミズーリ記念館 ・・・・・・・・・ 40
セントラル・ユニオン大聖堂 ・・・・・ 45
ソルト・アット・アワー・カカアコ ・・・ 90

## た行

ダイソー・アラモアナ店 ・・・・・・・ 167
ダ・コーブ・ヘルス・バー＆カフェ ・・・ 83
ターゲット・アラモアナ店 ・・・・ 157,166
ターコイズ ・・・・・・・・・・・・・ 145
タートル・ベイ・リゾート ・・・・・・ 182
タイムス・コーヒー・ショップ ・・・・・ 62
ダイヤモンドヘッド ・・・・・・・・・・ 51
ダイヤモンドヘッド・ビーチ・ハウス ・・ 147
ダウン・トゥ・アース・カカアコ店 ・・ 156
ダウン・トゥ・アース・カイルア店 ・・・ 61
高橋果実店 ・・・・・・・・・・・・・ 115
タッカー＆ベヴィー・ピクニックフード ・・ 23
タムラズ・ファイン・ワイン＆リカーズ
・・・・・・・・・・・・・・・・ 116,121
チャビーズ・バーガーズ ・・・・・・・ 109
ティー・ギャラリア・バイ・ディーエフエス
・・・・・・・・・・・・・・・・・・ 165
ディーン＆デルーカ ・・・・・ 104,158,160
ディーン＆デルーカ ザ・リッツ・カールトン・
レジデンス ワイキキビーチ ・・・ 137
テイスト・ティー・コナストリート店 ・・ 115
デック ・・・・・・・・・・・・・・・ 103
テッズ・ベーカリー ・・・・・・・・・・ 65
ドールプランテーション ・・・・・・・ 40
トップド・ワイキキ ・・・・・・・・・ 105
トミー・バハマ・レストラン・バー＆ストア
・・・・・・・・・・・・・・・・ 103,114
トランプ・インターナショナル・ホテル・ワイキ
キ ・・・・・・・・・・・・・・・・・ 178
鶏処 松元 ・・・・・・・・・・・・・・ 99
ドルフィン＆ユー ・・・・・・・・・・・ 26
トロピカル・トライブ ・・・・・・・・・ 82

## Staff

| | |
|---|---|
| 制作 | 宮田崇 |
| 編集 | 株式会社オフィス130 |
| デザイナー | 太田玄絵 |
| コーディネーター | 椎名絵里子（makana press） |
| 撮影 | MEGUMI、熊谷晃 |
| イラスト | あなみなお(P58-75, 93, 170-171)、<br>藤井敬士(P108-113) |
| 地図 | 村大聡子（株式会社アトリエ・プラン） |
| 校正 | トップキャット |
| プリンティング・ディレクション | 中山和宜（株式会社ダイヤモンド・グラフィック社） |

# 最高のハワイの過ごし方

2020年4月15日　初版第1刷発行
著者　伊澤慶一

Photo Credit：
P40Polynesian Cultural Center (Michael Gordon/Shutterstock.com)、
P40Bishop Museum&P58Nuuanu Pali Lookout（Phillip B. Espinasse/Shutterstock.com)
P44Shangri La（Linny Morris, David Franzen / Doris Duke Foundation for Islamic Art）
P55Vans Triple Crown（Keoki Suguibo/WSL）
Special Thanks to：
Hiroki Tatsumoto, Etsuro Sakaue (makana press)、Ryoko Aguinaldo, George and Shaun LLC, Mai Kurike, Takako Moriya, Haruna Sato, Yuki Mase,
Haruka Yui, Rio Akimoto, Kaede Sato, Nayuka Hakuta, Luna Collier
Hawaii Editor's Salon Members, Masamitsu, Emi Asai, Mizuki and Oli

発行所
株式会社ダイヤモンド・ビッグ社
〒104-0032 東京都中央区八丁堀2-9-1 編集TEL(03)3553-6667

発売元
株式会社ダイヤモンド社
〒150-8409 東京都渋谷区神宮前6-12-17 販売TEL(03)5778-7240

印刷・製本
株式会社ダイヤモンド・グラフィック社

ISBN 978-4-478-82447-4
©Keiichi Izawa, 2020, Printed in Japan

■本書のデータはすべて2019年9月から12月にかけて取材したものです。掲載の商品や料理がなくなっていたり、料金や営業時間が変更になったりする場合があります。あらかじめご了承ください。
■落丁・乱丁本はお手数ですが発行元であるダイヤモンド社販売宛にお送りください。送料小社負担にてお取り替えいたします。ただし、古書店で購入されたものについてはお取替えできません。
■本書の内容（写真・図版を含む）の一部または全部を、事前に許可なく無断で複写・複製し、または著作権法に基づかない方法により引用し、印刷物や電子メディアに転載・転用することは、著作者及び出版社の権利の侵害となります。

最高のスタッフの皆さんと一緒に、
自分史上最高のハワイガイドブックを
作ることができました。
この本を選んでくださったあなたと、
ハワイでお会いすることができたら
何より嬉しく思います。
見かけたら、話しかけにいきますね（笑）
心から感謝を込めて。

*Big Mahalo!*
伊澤慶一